신나라 부경 한국어

채영희 지음

03

Vietnamese

신나라 부경 한국어

여는 글

부경대학교 언어교육원이 한국어 교육을 시작한 지 올해가 10년이 되는 해입니다. 대마도 고등학교 학생들이 부경대학교에 입학하면서 한국어 교육을 시작하게 된 그날의 기억이 새롭습니다. 집안에 가보로 간직한 한국어 문서를 자기 목소리로 읽고 싶다고 하시던 일본 할아버지도 기억납니다. 그분들의 새로운 언어를 배우고자 하던 열정이 한국어를 더 많이 가르쳐 드리고 싶다는 열정에 뒤질까 노심초사 하던 시간들이 오늘까지 이어지고 있습니다.

한국의 위상이 높아짐에 따라 한국어를 배우고자 하는 열기는 이제 아시아를 넘어 세계로 향하고 있습니다. 한국어를 가르치는 일을 하면서 항상 느끼는 것은 한글에 대한 자부심입니다. 온 세계에 가장 자랑하고 싶은 한글을 세계인에게 알리는 최전선에 있다는 사실이 우리 한국어 선생님들의 자랑입니다. 한글 창제의 과학적 원리와 아름다운 조형성을 생각하면 한글을 창제하신 세종대왕의 백성 사랑하신 마음이 전해져 옵니다. 또한 어려운 시절 우리말과 글, 그리고 얼을 목숨을 다해 지켜내신 선각자 여러분들의 애틋한 마음도 함께 합니다.

지금 부경대학교에는 50여 나라에서 온, 천여 명의 유학생이 자신의 미래를 위한 준비를 열심히 하고 있습니다. 이들에게 도움을 주고자 초급 부경 한국어는 현재 14개국의 언어로 만들었습니다. 초급의 경우는 모국어의 도움이 필요하다고 생각되어 한국어와 각 나라의 언어로 만들었습니다. 이 과정에서 많은 유학생과 한국어 선생님들의 도움이 있었습니다. 도움을 주신 분들께 깊이 감사드립니다.

각 과는 준비단계에 그림을 통해 어휘를 쉽게 익히도록 배려하였으며, 역할극을 통해 언어기능에 중점을 둔 학습활동을 하도록 하였습니다. 그리고 각 과의 목표문법을 익힌 다음 확인 학습을 통해 배운 내용을 완전히 익히도록 하였습니다. 덤으로 문화에 대한 내용을 덧붙여 한국에 대한 흥미를 지니도록 구성하였습니다.

이 책이 세상에 나오도록 정성을 다해 도와준 분들이 많이 있습니다. 표지를 멋지게 디자인해 주신 디자인학과의 홍동식 교수님, 부드러운 목소리로 한국어의 아름다움을 세상에 알리는데 기꺼운 마음으로 도와주신 선호제님과 김새해님, 따뜻한 그림으로 책을 멋지게 만들어 주신 하늘기획 여러분, 그리고 책을 출판할 수 있도록 재정적 지원을 해주신 부경대학교 교육역량 사업단과 이 번거로운 일을 마다하지 않고 도와준 홍보협력과 여러분과 편집위원 여러분께 깊은 감사를 드립니다.

부경대학교 한국어 책임교수 _ 채 영 희

일러두기

Giới Thiệu

제1과 소개하기

Từ điển tranh 그림사전

명사	Danh từ
국적	Quốc tịch
나라	Đất nước
남자	Đàn ông, con trai
베트남	Việt Nam
번호	Số
사람	Con người
사진	Bức ảnh
선생님	Giáo viên
세계	Thế giới
여권	Hộ chiếu
여자	Đàn bà, con gái
의사	Bác sĩ
이름	Tên
지도	Bản đồ
직업	Nghề nghiệp
책	Sách
친구	Bạn bè
학교	Trường học
학생	Học sinh
한국	Hàn Quốc
회사원	Nhân viên công ty

동사	Động từ
소개하다	Giới thiệu
인사하다	Chào hỏi

기타	Loại khác
~이다	Là

1 준비단계 : 어휘 익히기

각 과에서 학습해야 할 어휘 목록을
품사 별로 정리한 것이다.
각 단어의 발음은 부경대학교 언어교육원
홈페이지에서 들을 수 있다.

각 과의 내용 이해를 돕는 주요
어휘를 그림으로 학습한다.

đối thoại 대화

안녕하세요? 제 이름은 휘예요.

유진: 안녕하세요? 저는 유진이에요.
이름이 뭐예요?
휘 : 안녕하세요? 제 이름은 휘예요.
유진: 휘 씨는 어디에서 왔어요?
휘 : 베트남에서 왔어요.
유진: 지금 어디에 살아요?
휘 : 기숙사에 살아요.
유진: 만나서 반가워요.
휘 : 저도 만나서 반가워요.

어휘 및 표현

저	Tôi	지금	Bây giờ
이름	Tên	기숙사	Kí túc xá
뭐(=무엇)	Gì, cái gì	안녕하세요?	Xin chào.
~씨	Ông, bà, cô ~	N에서 왔어요.	Đến từ N
어디	Ở đâu	N에 살아요.	Sống ở/tại N
베트남	Việt Nam	만나서 반가워요.	Rất vui được gặp bạn.

2 말하기 : 역할극 하기

특정 상황의 대화를 익히고 응용할 수 있다.
대화내용은 부경대학교 언어교육원 홈페이지
에서 들을 수 있다.

대화에 나온 어휘와 표현을 정리하여 학습자
의 이해를 돕는다.

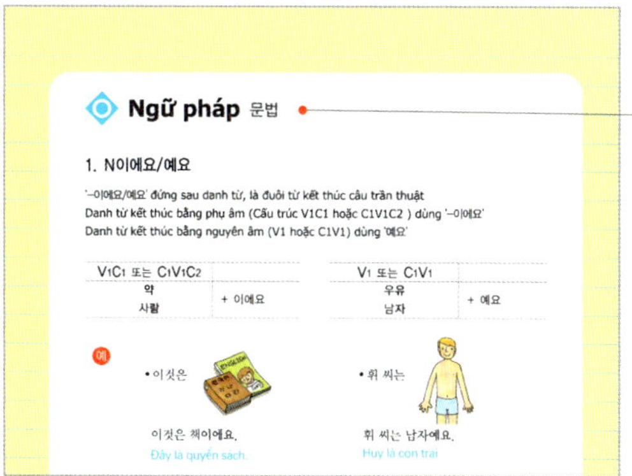

◈ Ngữ pháp 문법

1. N이에요/예요

'–이에요/예요' đứng sau danh từ, là đuôi từ kết thúc câu trần thuật
Danh từ kết thúc bằng phụ âm (Cấu trúc V1C1 hoặc C1V1C2) dùng '–이에요'
Danh từ kết thúc bằng nguyên âm (V1 hoặc C1V1) dùng '예요'

V1C1 또는 C1V1C2		V1 또는 C1V1	
약 사람	+ 이에요	우유 남자	+ 예요

예 • 이것은 … 이것은 책이에요. Đây là quyển sách.
• 휘 씨는 … 휘 씨는 남자예요. Huy là con trai

3 목표 문법 제시 : 문법 익히고 활용하기

다양한 활동을 통해 문법을 학습한다.

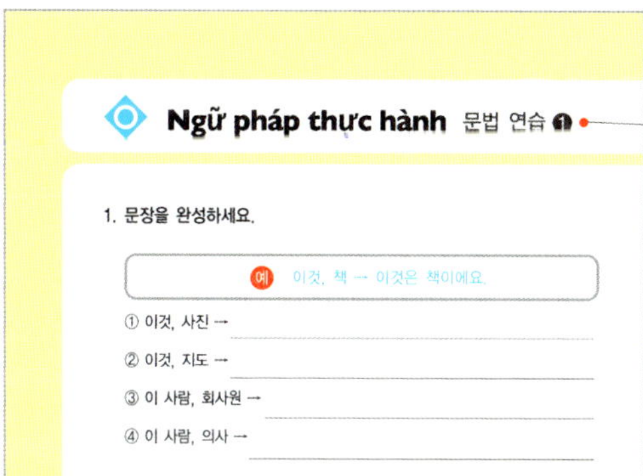

◈ Ngữ pháp thực hành 문법 연습 ❶

1. 문장을 완성하세요.

예 이것, 책 → 이것은 책이에요.

① 이것, 사진 →
② 이것, 지도 →
③ 이 사람, 회사원 →
④ 이 사람, 의사 →

4 확인 학습 : 문법

학습 문법을 이용해 다양한 의사소통 활동을 유도한다.

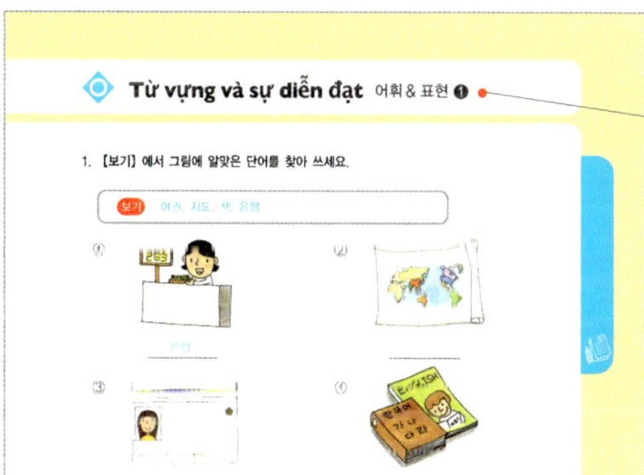

◈ Từ vựng và sự diễn đạt 어휘 & 표현 ❶

1. [보기] 에서 그림에 알맞은 단어를 찾아 쓰세요.

보기 여권, 지도, 책, 은행

5 확인 학습 : 어휘와 표현

학습 어휘를 이용해 주제와 관계 있는 이야기를 구성해 본다.

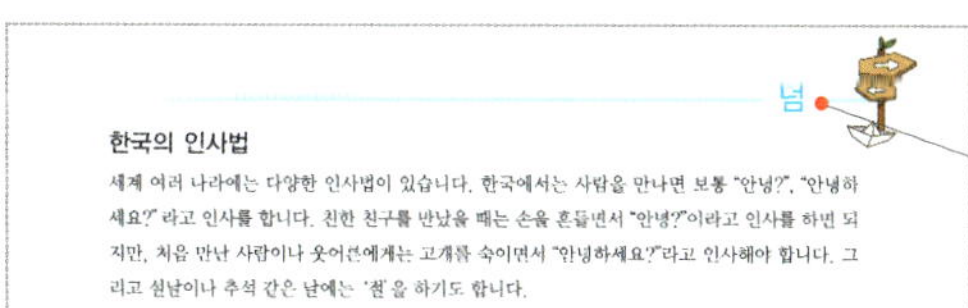

한국의 인사법

세계 여러 나라에는 다양한 인사법이 있습니다. 한국에서는 사람을 만나면 보통 "안녕?", "안녕하세요?"라고 인사를 합니다. 친한 친구를 만났을 때는 손을 흔들면서 "안녕?"이라고 인사를 하면 되지만, 처음 만난 사람이나 웃어른에게는 고개를 숙이면서 "안녕하세요?"라고 인사해야 합니다. 그리고 설날이나 추석 같은 날에는 '절'을 하기도 합니다.

6 문화 알기

한국의 문화를 소개하여 학생들에게 한국어에 대한 흥미를 가지도록 한다.

차례

[참고] N, V, A trong phần giải thích ngữ pháp của quyển sách này có nghĩa là Động từ, Danh từ, Tính từ.

N : Danh từ 명사 I V : Động từ 동사 I A : Tính từ 형용사

한글 Bảng Chữ Cái Tiếng Hàn

1 모음 | Các nguyên âm

글자	발음	글자	발음	글자	발음
ㅏ	a [a]	ㅠ	yu [ju]	ㅘ	wa [wa]
ㅑ	ya [ja]	ㅡ	eu [ɨ]	ㅙ	wae [wæ]
ㅓ	eo [ə]	ㅣ	i [i]	ㅚ	oe [ö/we]
ㅕ	yeo [jə]	ㅐ	ae [æ]	ㅝ	wo [wə]
ㅗ	o [o]	ㅒ	yae [jæ]	ㅞ	we [we]
ㅛ	yo [jo]	ㅔ	e [e]	ㅟ	wi [ü/wi]
ㅜ	u [u]	ㅖ	ye [je]	ㅢ	ui [iɨ]

2 자음 | Các phụ âm

글자	이름	발음	글자	이름	발음
ㄱ	기역	g,k [k]	ㅋ	키읔	k [kʰ]
ㄴ	니은	n [n]	ㅌ	티읕	t [tʰ]
ㄷ	디귿	d,t [t]	ㅍ	피읖	p [pʰ]
ㄹ	리을	r,l [r,l]	ㅎ	히읗	h [h]
ㅁ	미음	m [m]	ㄲ	쌍기역	kk [k']
ㅂ	비읍	b,p [p]	ㄸ	쌍디귿	tt [t']
ㅅ	시옷	s [s]	ㅃ	쌍비읍	pp [p']
ㅇ	이응	ng [ŋ]	ㅆ	쌍시옷	ss [s']
ㅈ	지읒	j [ts]	ㅉ	쌍지읒	jj [ts']
ㅊ	치읓	ch [tsʰ]			

* 연습

	ㅏ	ㅓ	ㅗ	ㅜ	ㅡ	ㅣ	ㅐ	ㅔ	ㅚ	ㅟ
ㄱ	가	거	고	구	그	기	개	게	괴	귀
ㄴ	나	너	노	누	느	니	내	네	뇌	뉘
ㄷ	다	더	도	두	드	디	대	데	되	뒤
ㄹ	라	러	로	루	르	리	래	레	뢰	뤼
ㅁ	마	머	모	무	므	미	매	메	뫼	뮈
ㅂ	바	버	보	부	브	비	배	베	뵈	뷔
ㅅ	사	서	소	수	스	시	새	세	쇠	쉬
ㅇ	아	어	오	우	으	이	애	에	외	위
ㅈ	자	저	조	주	즈	지	재	제	죄	쥐
ㅊ	차	처	초	추	츠	치	채	체	최	취
ㅋ	카	커	코	쿠	크	키	캐	케	쾨	퀴
ㅌ	타	터	토	투	트	티	태	테	퇴	튀
ㅍ	파	퍼	포	푸	프	피	패	페	푀	퓌
ㅎ	하	허	호	후	흐	히	해	헤	회	휘
ㄲ	까	꺼	꼬	꾸	끄	끼	깨	께	꾀	뀌
ㄸ	따	떠	또	뚜	뜨	띠	때	떼	뙤	뛰
ㅃ	빠	뻐	뽀	뿌	쁘	삐	빼	뻬	뾔	쀠
ㅆ	싸	써	쏘	쑤	쓰	씨	쌔	쎄	쐬	쒸
ㅉ	짜	쩌	쪼	쭈	쯔	찌	째	쩨	쬐	쮜

3 받침 | Các phụ âm cuối

Phụ âm được gắn làm âm cuối của một âm tiết thì được gọi là 'Patchim'. Tất cả các phụ âm đều có thể được dùng làm 'Patchim' nhưng 'Patchim' thường được phát âm theo 7 phụ âm sau đây: ㄱ, ㄴ, ㄷ, ㄹ, ㅁ, ㅂ, ㅇ.

글자	발음	예
ㄱ, ㄲ, ㅋ	k	국, 밖, 부엌
ㄴ	n	산
ㄷ, ㅅ, ㅆ, ㅈ, ㅊ, ㅌ, ㅎ	t	닫다, 옷, 갔다, 낮, 꽃, 밭, 히읗
ㄹ	l	달
ㅁ	m	몸
ㅂ, ㅍ	p	집, 잎
ㅇ	ng	방

4 한국어 글자의 구조

1. V_1 구조 : 모음만으로 이루어진 글자

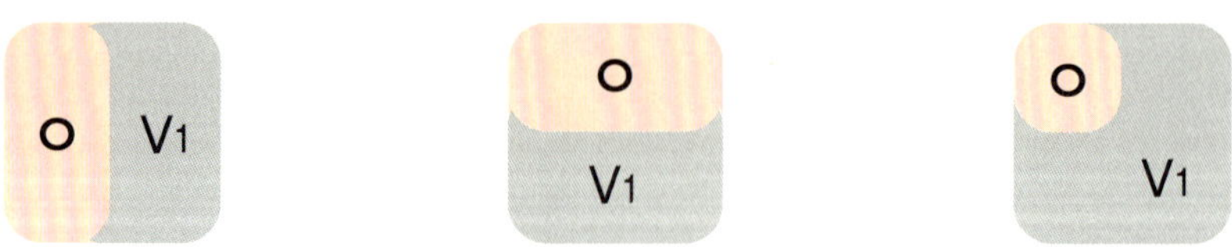

이 오 위

2. V_1C_1 구조

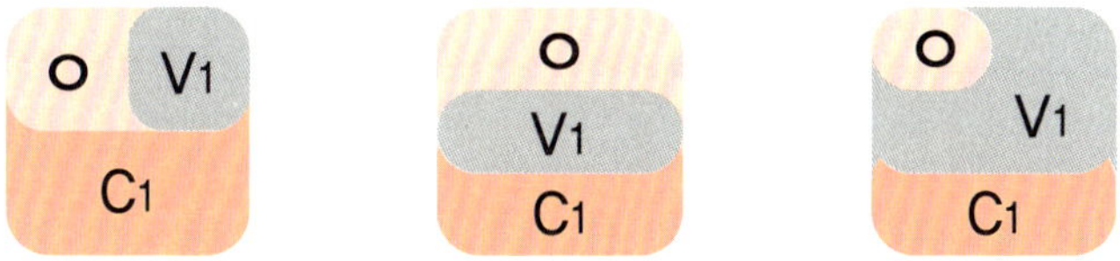

잎 옷 왕

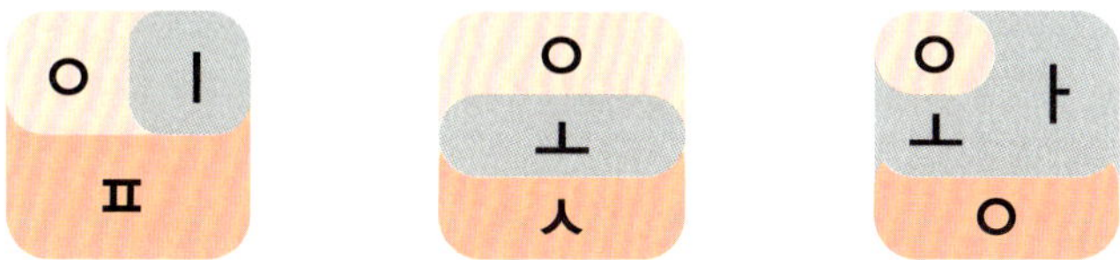

3. C_1V_1 구조

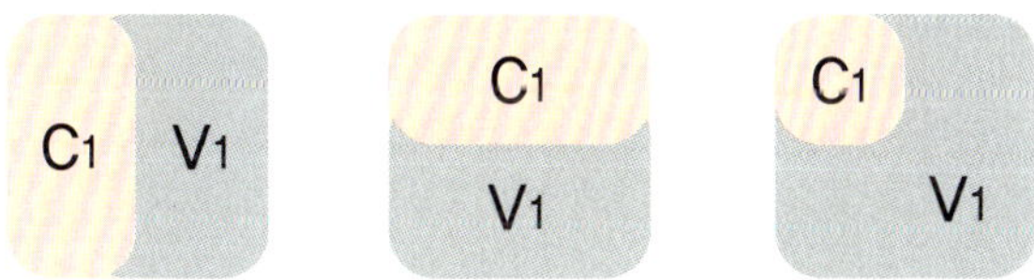

차 비 코 무 귀

4. $C_1V_1C_2$ 구조

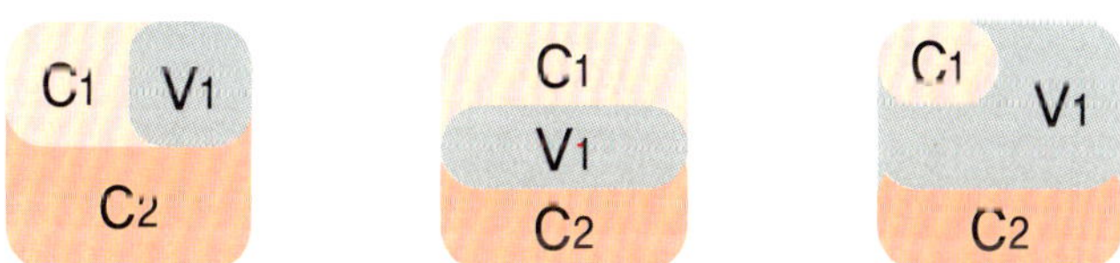

방 분 설 꽃 밖 신

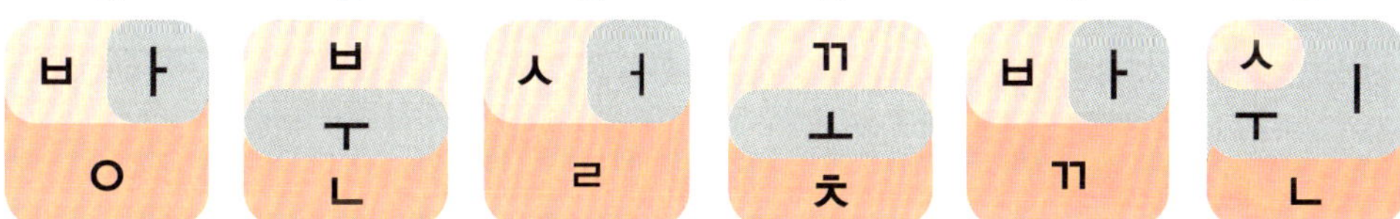

Giới Thiệu

제1과 소개하기

Từ điển tranh 그림사전

명사	Danh từ
국적	Quốc tịch
나라	Đất nước
남자	Đàn ông, con trai
베트남	Việt Nam
번호	Số
사람	Con người
사진	Bức ảnh
선생님	Giáo viên
세계	Thế giới
여권	Hộ chiếu
여자	Đàn bà, con gái
의사	Bác sĩ
이름	Tên
지도	Bản đồ
직업	Nghề nghiệp
책	Sách
친구	Bạn bè
학교	Trường học
학생	Học sinh
한국	Hàn Quốc
회사원	Nhân viên công ty

동사	Động từ
소개하다	Giới thiệu
인사하다	Chào hỏi

기타	Loại khác
~이다	Là

인사하다

소개하다

Bản đồ thế giới 세계지도

Hộ chiếu 여권

사진 Hình

국적 Quốc Tịch

이름 Tên

여권번호
Số hộ chiếu

Nghề nghiệp 직입

선생님
Giáo viên

학생
Học sinh

회사원
Nhân viên công ty

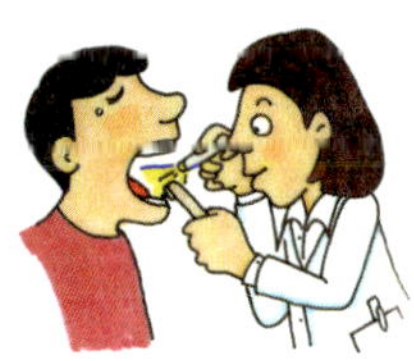

의사
Bác sĩ

đối thoại 대화

안녕하세요? 제 이름은 휘예요.

유진: 안녕하세요? 저는 유진이에요.
　　　이름이 뭐예요?
휘　: 안녕하세요? 제 이름은 휘예요.
유진: 휘 씨는 어디에서 왔어요?
휘　: 베트남에서 왔어요.
유진: 지금 어디에 살아요?
휘　: 기숙사에 살아요.
유진: 만나서 반가워요.
휘　: 저도 만나서 반가워요.

어휘 및 표현

저	Tôi	지금	Bây giờ
이름	Tên	기숙사	Kí túc xá
뭐(=무엇)	Gì, cái gì	안녕하세요?	Xin chào.
~씨	Ông, bà, cô ~	N에서 왔어요.	Đến từ N
어디	Ở đâu	N에 살아요.	Sống ở/tại N
베트남	Viêt Nam	만나서 반가워요.	Rất vui được gặp bạn.

덤

한국의 인사법

세계 여러 나라에는 다양한 인사법이 있습니다. 한국에서는 사람을 만나면 보통 “안녕?”, “안녕하세요?” 라고 인사를 합니다. 친한 친구를 만났을 때는 손을 흔들면서 “안녕?”이라고 인사를 하면 되지만, 처음 만난 사람이나 웃어른에게는 고개를 숙이면서 “안녕하세요?”라고 인사해야 합니다. 그리고 설날이나 추석 같은 날에는 절을 하기도 합니다.

Ngữ pháp 문법

1. N이에요/예요

'–이에요/예요' đứng sau danh từ, là đuôi từ kết thúc câu trần thuật
Danh từ kết thúc bằng phụ âm (Cấu trúc V1C1 hoặc C1V1C2) dùng '–이에요'
Danh từ kết thúc bằng nguyên âm (V1 hoặc C1V1) dùng '예요'

V_1C_1 또는 $C_1V_1C_2$	
약 사람	+ 이에요

V_1 또는 C_1V_1	
우유 남자	+ 예요

예

• 이것은

이것은 책이에요.
Đây là quyển sách.

• 휘 씨는

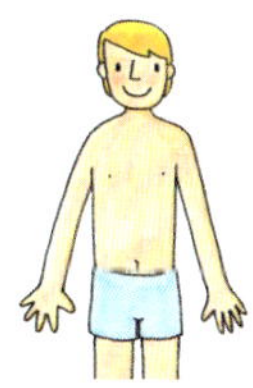

휘 씨는 남자예요.
Huy là con trai

2. N이/가 아니에요

'N이/가 아니에요' là thể phủ định của 'N이에요/예요'
Danh từ kết thúc bằng phụ âm (Cấu trúc V1C1 hoặc C1V1C2) dùng 'N이/가 아니에요'
Danh từ kết thúc bằng nguyên âm (V1 hoặc C1V1) dùng 'N이/가 아니에요'

V_1C_1 또는 $C_1V_1C_2$	
학생 교실	+ 이 아니에요

V_1 또는 C_1V_1	
아이 친구	+ 가 아니에요

예

• 유진 씨는

유진 씨는 선생님이 아니에요.
유진 씨는 학생이에요.

• 여기는

여기는 학교가 아니에요.
여기는 은행이에요.

Ngữ pháp thực hành 문법 연습 ❶

1. 문장을 완성하세요.

> 예 이것, 책 → 이것은 책이에요.

① 이것, 사진 → ______________________

② 이것, 지도 → ______________________

③ 이 사람, 회사원 → ______________________

④ 이 사람, 의사 → ______________________

2. 문장을 완성하세요.

> 예 여기, 학교 → 여기는 학교가 아니에요.

① 그것, 책상 → ______________________

② 그것, 의자 → ______________________

③ 그 사람, 학생 → ______________________

④ 그 사람, 친구 → ______________________

3. 대화를 완성하세요.

> 예
>
> 가. 유진 씨는 미국 사람이에요?
>
> 나. 아니요, 미국 사람이 아니에요.
>
> 한국 사람이에요.

① 가. 휘 씨는 의사예요?

나. 아니요, ______________________

____

② 가. 마이클 씨는 선생님이에요?

나. 아니요, ______________________

____

Từ vựng và sự diễn đạt 어휘 & 표현 ❶

1. 【보기】에서 그림에 알맞은 단어를 찾아 쓰세요.

보기 여권, 지도, 책, 은행

① 

은행

② 

______

③ 

______

④ 

______

2. 【보기】에서 알맞은 표현을 골라 쓰세요.

보기 만나서 반가워요, 이름이 뭐예요?, 어디에 살아요?, 어디에서 왔어요?

유진 : 안녕하세요? 저는 유진이에요. ① ______

휘 : 안녕하세요? 제 이름은 휘예요.

유진 : 휘 씨는 ② ______

휘 : 베트남에서 왔어요.

유진 : ③ ______

휘 : 기숙사에 살아요.

유진 : ④ ______

Các Loại Đồ Vật

제2과 여러 가지 사물

Từ điển tranh 그림사전

명사	Danh từ
공책	Quyển vở
교실	Phòng học
교통카드	Thẻ giao thông
그것	Cái đó
눈	Mắt
다리	Chân
돈	Tiền
머리	Đầu
머리카락	Tóc
무릎	Đầu gối
문	Cửa
방	Phòng
소지품	Vật dụng cá nhân
손	Bàn tay
신체	Cơ thể
열쇠	Chìa khóa
은행카드	Thẻ ngân hàng
이것	Cái này
입	Miệng
저것	Cái kia
전자사전	Kim từ điển
지갑	Bóp, ví
창문	Cửa sổ
책	Sách
책상	Bàn học
칠판	Tấm bảng
코	Mũi
팔	Cánh tay
팔꿈치	Khủy tay
펜	Bút bi / Bút mực
학생증	Thẻ học sinh
화장품	Mỹ phẩm
휴대폰	Điện thoại di động
휴지	Giấy vệ sinh

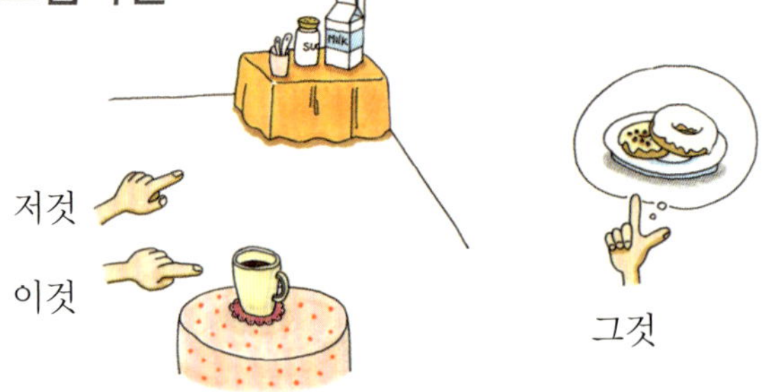

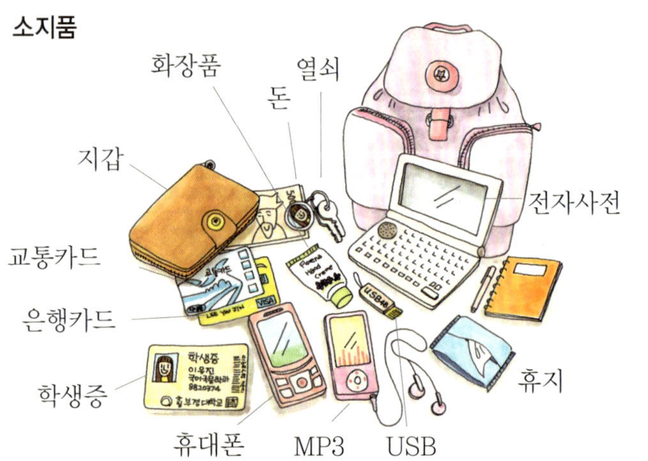

Phòng học 교실

Cơ thể 몸

đối thoại 대화

이것이 뭐예요?

유진: 이것이 뭐예요?

휘 : 이것은 한국어 책이에요.

유진: 한국어를 배워요?

휘 : 네, 한국어를 배워요.

유진: 어디에서 한국어를 공부해요?

휘 : 부경대학교에서 한국어를 공부해요.

어휘 및 표현

뭐(=무엇)	Gì, cái gì	**에서**	Ở / tại
한국어	Tiếng Hàn Quốc	**공부하다**	Nghiên cứu
네	Vâng, dạ	**부경대학교**	Trường đại học Pukyong
배우다	Học	**N에서 + V**	V ở / tại N
어디	Ở đâu		

덤

준말

한국어의 '무엇'은 '뭐'로 짧게 줄여 쓸 수 있습니다. '뭐'처럼 짧게 줄여 쓴 말을 '준말'이라고 합니다. 한국어에는 '뭐' 외에도 준말이 많이 있는데, '이것이'는 '이게', '저것이'는 '저게', '그것이'는 '그게' 등으로 줄여 쓸 수 있습니다.

	+이/가	+은/는	+을/를
이것	이것이 = 이게	이것은 = 이건	이것을 = 이걸
저것	저것이 = 저게	저것은 = 저건	저것을 = 저걸
그것	그것이 = 그게	그것은 = 그건	저것은 = 저건

Ngữ pháp 문법

1. N이/가

'-이/가' là trợ từ chủ ngữ, đứng sau các danh từ làm chủ ngữ.
Danh từ kết thúc bằng phụ âm (Cấu trúc V1C1 hoặc C1V1C2) dùng '–이', Danh từ kết thúc bằng nguyên âm (V1 hoặc C1V1) dùng '–가'.

V_1C_1 또는 $C_1V_1C_2$	
이것 선생님	+ 이

V_1 또는 C_1V_1	
여기 학교	+ 가

예

• 이것이 책상이에요.

• 휘가 공부해요.

2. N은/는

'–은/는' đặt sau danh từ nhằm giới thiệu một người hoặc một vật nào đó.
Danh từ kết thúc bằng phụ âm (Cấu trúc V1C1 hoặc C1V1C2) dùng '–은', Danh từ kết thúc bằng nguyên âm (V1 hoặc C1V1) dùng '–는'.

V_1C_1 또는 $C_1V_1C_2$	
교실 한국	+ 은

V_1 또는 C_1V_1	
아버지 친구	+ 는

1) '–은/는' được dùng khi đề cập đến một người hoặc một vật nào đó mà bạn đã nhắc đến trước đó hoặc người nói và người nghe đều biết về người (vật) đó.

예

• 옛날에 휘 씨가 살았어요. → 새로운 정보 thông tin mới
Ngày xưa Huy đã sống ở đây.

• 휘 씨는 베트남 사람이었어요. → 알고 있는 정보 thông tin đã biết
Huy là người Việt nam.

예

- 휘 : 여기가 어디예요?
  유진: 여기는 우체국이에요.

- 휘 : 우체국이 어디예요?
  유진: 여기가 우체국이에요.

2) '은/는' cũng dùng để chỉ sự so sánh, tương phản.

예
- 저는 키가 커요. 하지만 제 동생은 키가 작아요.
- 지금 한국은 여름이에요. 하지만 호주는 겨울이에요.
- 여름은 더워요. 하지만 겨울은 추워요.

3. N을/를

'–을/를' là trợ từ đặt sau danh từ để chỉ danh từ đó là tân ngữ trực tiếp của một ngoại động từ trong câu.
Danh từ kết thúc bằng phụ âm (Cấu trúc V1C1 hoặc C1V1C2) dùng '–을', Danh từ kết thúc bằng nguyên âm (V1 hoặc C1V1) dùng '–를'.

V_1C_1 또는 $C_1V_1C_2$	
밥 신문	+ 을

V_1 또는 C_1V_1	
커피 노래	+ 를

예
- 휘 씨가 밥을 먹어요.
- 어머니가 커피를 마셔요.
- 아버지가 신문을 읽어요.
- 유진 씨가 노래를 불러요.

Nhật ký 일기

2010년 9월 1일 수요일　　날씨: 맑음 ☼

오늘은 학교에 가요.

한국어 수업이 있어요.

한국어 선생님하고 친구들을 만나요.

한국어 선생님은 친절해요.

우리 반 친구들은 한국어 공부를 열심히 해요.

한국어 공부가 아주 재미있어요.

Ngữ pháp thực hành 문법 연습 ❷

1. 【보기】에서 알맞은 것을 골라 쓰세요.

보기 이/가, 을/를, 은/는

① 저(는) 학생이에요.
② 아니요, 지도(　) 아니에요.
③ 휘 씨는 한국어(　) 공부해요.
④ 제 이름(　) 유진이에요.
⑤ 어머니가 밥(　) 먹어요.

2. 그림을 보고 '이것', '그것', '저것'을 넣어 대화를 완성하세요.

① 휘　: 이것이 책이에요?
유진 : 네, 책이에요.

② 휘　: ______ 컴퓨터예요?
유진 : 네, 컴퓨터예요.

③ 휘　: ______ 전자사전이에요?
유진 : 네, 전자사전이에요.

④ 휘　: ______ 화장품이에요?
유진 : 네, 화장품이에요.

Từ vựng và sự diễn đạt 어휘 & 표현 ❷

1. 다음 그림을 보고 단어가 그림에 있으면 ○, 없으면 ×표 하세요.

① 돈 (O)　　② 책 (　　)　　⑤ 교통카드 (　　)　　⑥ 창문 (　　)

③ 휴대폰 (　　)　　④ 전자사전 (　　)　　⑦ 휴지 (　　)　　⑧ 문 (　　)

2. 다음 그림을 보고 신체 부분을 쓰세요.

① ____________

② ____________

③ ____________

④ ____________

⑤ ____________

3. 【보기】에서 알맞은 단어를 골라 쓰세요.

보기	뭐, 어디

① 가 : ________에서 한국어를 공부해요?
   나 : 부경대학교에서 한국어를 공부해요.

② 가 : 이것이 ________예요?
   나 : 그것은 책이에요.

Sinh hoạt ở trường học

제3과 학교생활

Từ điển tranh 그림사전

명사 Danh từ

공부	Nghiên cứu
공항	Sân bay
교실	Phòng học
도서관	Thư viện
동아리	hội, câu lạc bộ
백화점	Tiệm bách hóa
사무실	Văn phòng
성적	Thành tích
성적표	Bảng thành tích
수강신청	Đăng kí môn học
수업	Giờ học
숙제	Bài tập
시험	Bài kiểm tra
식당	Nhà hàng
우체국	Bưu điện
은행	Ngân hàng
집	Nhà
학교	Trường học
학비	Học phí
학생증	Thẻ học sinh
회사	Công ty

동사 Động từ

가다	Đi
내다	Trình, nộp
듣다	Nghe
받다	Nhận
하다	Làm
빌리다	Mượn
입학하다	Nhập học
졸업하다	Tốt nghiệp

기타 Loại khác

~에서 Ở / Tại

표현 Biểu diễn

시험을 치다/보다
Đi thi, có bài kiểm tra
동아리에 들다
tham gia câu lạc bộ

학교에 가다

학비를 내다

수강신청(을) 하다

수업을 듣다

N(장소)에 가다

Đi đến N

장소	
집	은행
학교	우체국
교실	서점
사무실	백화점
회사	공항
식당	도서관

집에 가다

은행에 가다

교실에 가다

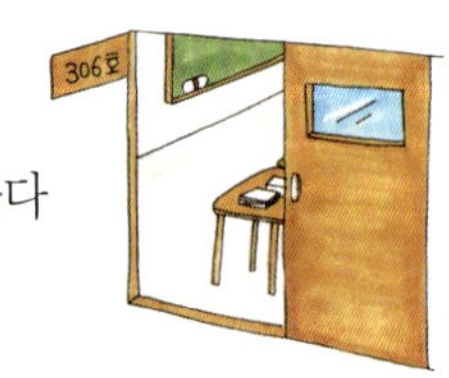

식당에 가다

질문하다

대답하다

공부하다

숙제하다

숙제를 내다

책을 빌리다

동아리에 들다

시험을 치다/보다

성적표를 받다

입학하다

졸업하다

학생증

đối thoại 대화

지금 어디에 가요?

유진: 휘 씨, 오늘 수업이 있어요?

휘　: 아니요. 수업이 없어요.

유진: 그러면 지금 어디에 가요?

휘　: 도서관에 가요.

유진: 도서관에서 무엇을 해요?

휘　: 도서관에서 숙제를 해요.
　　　유진 씨는 어디에 가요?

유진: 저는 영화관에 가요.
　　　친구하고 약속이 있어요.

어휘 및 표현

오늘	Hôm nay	무엇	Gì, cái gì
수업	Giờ học	약속	Cuộc hẹn
있다	Có	N이/가 있어요	Tôi có N / Ở đây có N
없다	Không có	N이/가 없어요	Tôi không có N / Ở đây không có N
그러면	Nếu vậy thì	N에서 + V	V + ở / tại, tới N
가다	Đi	N하고	Với N

덤

영화표 예매 사이트

영화관에 가기 전에 미리 인터넷으로 영화표를 예매하면 편리합니다. 다음은 영화표를 예매할 수 있는 영화관 홈페이지입니다. 아래의 사이트에서 최신 개봉작과 영화 상영시간표를 확인하고, 영화표도 예매해 보세요.

http://www.cgv.co.kr CGV
http://www.cinus.co.kr 씨너스
http://www.primuscinema.com 프리머스 시네마
http://www.megabox.co.kr 메가박스
http://www.lottecinema.co.kr 롯데시네마

Ngữ pháp 문법

1. V · A아요/어요/여요

'–아요/어요/여요' đuôi kết thúc câu ở thì hiện tại, là hình thức câu bình thường (không mang tính trang trọng) Nếu nguyên âm cuối của gốc động từ hoặc tính từ là nguyên âm 'ㅏ hoặc ㅗ',thì kết hợp với đuôi '–아요'
Nếu nguyên âm cuối của gốc động từ hoặc tính từ là nguyên âm khác với hai nguyên âm 'ㅏ, ㅗ', '–어요' thì kết hợp với đuôi. Nếu động từ hoặc tính từ kết thúc bằng '하다', '–여요' thì kết hợp với đuôi '하여요' có thể viết rút gọn thành '해요'.

ㅗ, ㅏ	가다	가/+ 아요	→	가요
	오다	오/+ 아요	→	와요
	앉다	앉/+ 아요	→	앉아요
ㅗ, ㅏ 제외한 모음 (ㅜ, ㅓ, ㅡ, ㅣ…)	먹다	먹/ + 어요	→	먹어요
	웃다	웃/ + 어요	→	웃어요
	배우다	배우/ + 어요	→	배워요
	마시다	마시/ + 어요	→	마셔요
'하다' 동사	공부하다	공부하/ + 여요	→	공부해요
	사랑하다	사랑하/ + 여요	→	사랑해요
	좋아하다	좋아하/ + 여요	→	좋아해요

[참고]
Có hai hình thức nói trong tiếng Hàn: hình thức nói trang trọng và hình thức nói không trang trọng. Cuốn sách này chủ yếu sử dụng hình thức nói không trang trọng vốn được dùng phổ biến hơn trong cuộc sống hàng ngày. Hình thức nói trang trọng '–습니다/ㅂ니다' thường được dùng trong những bài diễn văn mang tính trịnh trọng hoặc trong văn viết.

Nếu âm cuối của gốc động từ hoặc tính từ kết thúc bằng nguyên âm (V_1C_1 또는 $C_1V_1C_2$구소) thì kết hợp với đuôi '–습니다'. Nếu âm cuối của gốc động từ hoặc tính từ kết thúc bằng phụ âm (V_1 또는 C_1V_1) thì kết hợp với đuôi '–ㅂ니다'.

V_1C_1 또는 $C_1V_1C_2$	먹다	먹/ + 습니다	→	먹습니다
	없다	없/ + 습니다	→	없습니다
V_1 또는 C_1V_1	오다	오/ + ㅂ니다	→	옵니다
	크다	크/ + ㅂ니다	→	큽니다

2. V · A아요/어요/여요?

Với việc thêm dấu câu hỏi ở cuối câu và lên giọng ở cuối câu khi nói, chúng ta sẽ có câu hỏi ở hình thức câu '–아요/어요/여요.'

동사	평서문	의문문
가다	가요.	가요?
먹다	먹어요.	먹어요?
좋아하다	좋아해요.	좋아해요?

3. 안 V · A아요/어요/여요

'안 V·A어요/아요/여요' là thể phủ định của '–아요/어요/여요'.
Nếu động từ có đuôi '하다' mà có cấu trúc 'N+하다' thì thể phủ định sẽ là 'N 안 해요'.

동사	긍정문	부정문
가다	가요	안 가요
먹다	먹어요	안 먹어요
좋아하다	좋아해요	안 좋아해요
※공부하다	공부해요	공부 안 해요
※운동하다	운동해요	운동 안 해요

예

• 밥을 먹어요?

네. 밥을 먹어요.

아니요. 밥을 안 먹어요.

• 한국 친구가 있어요?

네. 있어요.

아니요. 없어요.

• 운동해요?

네. 운동해요.

아니요. 운동 안 해요.

Nhật ký 일기

2010년 9월 10일 금요일 날씨: 흐림

오늘은 숙제가 많아요.

그래서 저는 도서관에 가요.

도서관에서 숙제를 해요.

저녁에 유진 씨하고 약속이 있어요.

유진 씨는 제 한국 친구예요.

우리는 영화관에서 만나요.

같이 영화를 봐요.

영화가 정말 재미있어요.

	맑음	흐림	비	눈
날 씨	☼	☁	☂	☃

Ngữ pháp thực hành 문법 연습 ❸

1. 다음을 바꿔 쓰세요.

① 은행에 가다 ⇨ 은행에 가요.

② 수강 신청을 하다 ⇨ ____________

③ 도서관에 오다 ⇨ ____________

④ 저는 학생이다 ⇨ ____________

⑤ 이것은 책이 아니다 ⇨ ____________

2. 다음 그림을 보고 대화를 완성하세요.

① 가 : 휘 씨가 은행에 가요?
나 : 아니요, 은행에 안 가요.
학교에 가요.

② 가 : 휘 씨가 공부해요?
나 : 아니요, ____________
____

③ 가 : 휘 씨가 입학해요?
나 : 아니요, ____________
____

④ 가 : 휘 씨가 숙제를 내요?
나 : 아니요, ____________
____

Từ vựng và sự diễn đạt 어휘 & 표현 ❸

1. 관계있는 단어를 연결하세요.

① 입학을	㉠ 내다
② 학비를	㉡ 보다
③ 시험을	㉢ 들다
④ 동아리에	㉣ 하다

2. 다음 그림을 보고 빈 칸을 채우세요.

①

[집]

②

[ ][교]

③

[ ][무][ ]

④

[ ][당]

⑤

[ ][행]

⑥

[교][ ]

Số đếm

제4과 숫자 말하기

Từ điển tranh 그림사전

명사	Danh từ
~개	Đơn vị đếm
고유어	Ngôn ngữ bản xứ
날짜	Ngày tháng
냉장고	Tủ lạnh
년	Năm
달	Tháng
돈	Tiền
동물	Động vật
~마리	Đơn vị đếm động vật (con)
~명	Đơn vị đếm người
몸무게	cân nặng
방	Phòng
~병	Chai
~분	Phút
사과	Quả táo
숫자	Số đếm
~시	Giờ
시간	Thời gian
~원	won (đơn vị tiền Hàn Quốc)
~월	Tháng
음료수	Nước uống
자동차	Xe hơi
~일	Ngày
~잔	Đơn vị đếm dùng cho nước uống (ly)
종이	Giấy
~층	Tầng
컴퓨터	Máy vi tính
키	Chiều cao
표	Vé, phiếu

돈

층

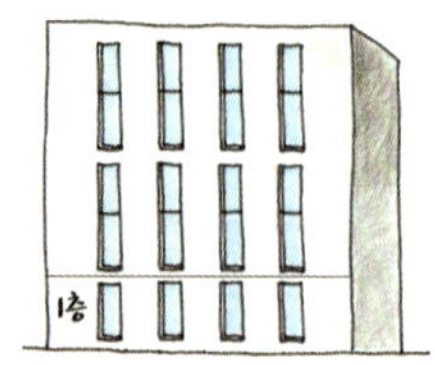

1층

방

406호

키 / 몸무게

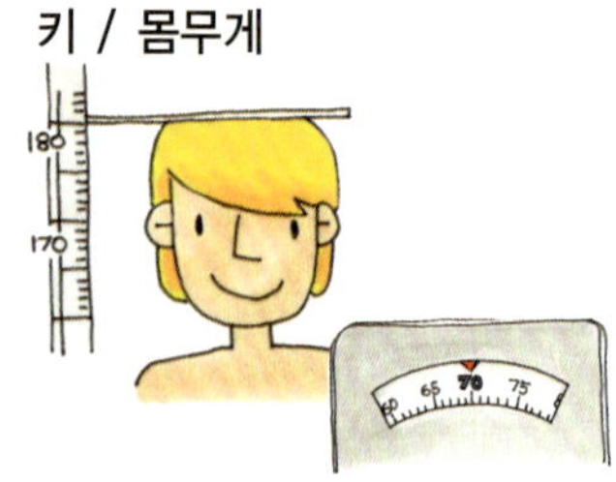

180cm, 70kg

날짜

10월 9일

시간

2시 15분

달이름

1월	2월	3월	4월	5월	6월
일월	이월	삼월	사월	오월	유월
7월	8월	9월	10월	11월	12월
칠월	팔월	구월	시월	십일월	십이월

Số đếm Hán-Hàn 한자어 숫자

1	2	3	4	5	6	7	8	9
일	이	삼	사	오	육	칠	팔	구
10	20	30	40	50	60	70	80	90
십	이십	삼십	사십	오십	육십	칠십	팔십	구십

100	1,000	10,000	100,000	1,000,000	10,000,000	100,000,000
백	천	만	십만	백만	천만	억

Số đếm thuần Hàn 고유어 숫자

1	2	3	4	5	6	7	8	9
하나	둘	셋	넷	다섯	여섯	일곱	여덟	아홉
10	20	30	40	50	60	70	80	90
열	스물	서른	마흔	쉰	예순	일흔	여든	아흔

※ '하나, 둘, 셋, 넷' thay đổi dạng thức khi kết hợp với các đơn vị đếm.
한, 두, 세, 네 + Đơn vị đếm

사람

사람 / 명 분

동물

마리

물건(사과, 의자…)

개

종이, 표, CD…

장

자동차, 냉장고, 컴퓨터…

대

음료수

병 잔

đối thoại 대화

생일이 몇 월 며칠이에요?

유진: 휘 씨, 휘 씨 생일이 몇 월 며칠이에요?

휘 : 제 생일은 9월 10일이에요.

유진 씨 생일은 언제예요?

유진: 제 생일은 다음 주 월요일이에요.

휘 : 생일에 무엇을 해요?

유진: 생일에 친구를 초대해요.

친구하고 파티를 해요.

어휘 및 표현

생일	Sinh nhật	주	Tuần
몇	Bao nhiêu, mấy (+tháng)	월요일	Thứ hai
월	Tháng	초대하다	Mời
며칠	Ngày mấy	파티	Bữa tiệc
언제	Khi nào	N하고 + V	V + cùng với N
다음	Tiếp theo, kế tiếp		

덤

생일 축하 노래

한국에서는 생일 아침에 미역국을 먹습니다.

그리고 생일 파티를 할 때는 생일 축하 노래를 부르고 케이크를 먹습니다.

한국어로 생일 축하 노래를 같이 불러 볼까요?

생일 축하합니다, 생일 축하합니다. 사랑하는 OO의 생일 축하합니다. ♫

Ngữ pháp 문법

1. 한자어 숫자 | Số đếm Hán-Hàn

Số đếm Hán-Hàn được dùng để đếm ngày, giá cả, phút, tầng, số phòng, kg, cm....

1 일	월
2 이	일
3 삼	원
4 사	분
5 오	층
6 육	호
7 칠	kg
…	cm

예

- 오늘은 11월 2일이에요. 십일 월 이 일
- 이 가방은 5만 원이에요. 오만 원
- 식당이 3층에 있어요. 삼 층

2. 고유어 숫자 | Số đếm thuần Hàn

Số đếm thuần Hàn được dùng để đếm người, động vật và nhiều loại vật khác. Và cũng được dùng để đếm giờ và tuổi.

1 한	사람 / 명
2 두	분
3 세	마리
4 네	개
5 다섯	장
6 여섯	대
7 일곱	병
…	잔
	시

예

- 우리 반에 학생이 7명 있어요. 일곱 명
- 교실에 책상이 8개 있어요. 여덟 개
- 지금 12시예요. 열두 시

Ngữ pháp thực hành 문법 연습 ④

1. 다음 【보기】에서 알맞은 단어를 골라 쓰세요.

보기 명, 장, 개, 마리, 대, 잔, 병

① 친구를 두 명 만나요.

② 콜라가 ______ 있어요.

③ 커피를 ______ 마셔요.

④ 사과를 ______ 먹어요.

⑤ 개가 ______ 있어요.

⑥ 컴퓨터가 ______ 있어요.

2. 다음 문장에서 밑줄 친 숫자를 한글로 쓰세요.

① 교실은 1층에 있어요. ⇨ 일

② 오늘은 10월 27일이에요. ⇨

③ 저는 키가 180cm예요. ⇨

④ 저는 몸무게가 70kg이에요. ⇨

3. 다음 문장에서 밑줄 친 숫자를 한글로 쓰세요.

① 한국 친구가 10명 있어요. ⇨ 열

② 교실에 책상이 30개 있어요. ⇨

③ CD 15장을 받아요. ⇨

④ 커피가 6잔 있어요. ⇨

Từ vựng và sự diễn đạt 어휘 & 표현 ❹

1. 다음 달력을 보고 날짜를 한글로 쓰세요.

① 이천년 일월 일일이에요.

② ______________

③ ______________

④ ______________

2. 다음 (　　)에 알맞은 숫자를 쓰세요.

① 오월 – (　　) – 칠월 – 팔월 – (　　) – (　　) – 십일월

② 하나 – (　　) – (　　) – 넷 – 다섯 – (　　) – 일곱 – (　　)

3. 【보기】에서 알맞은 표현을 골라 쓰세요.

보기	몇 월 며칠이에요?, 언제예요?, 무엇을 해요?

① 유진 : 휘 씨, 생일이 ______________?
휘 : 제 생일은 12월 14일이에요.

② 휘 : 유진 씨 생일은 ______________?
유진 : 제 생일은 다음 주 월요일이에요.

③ 휘 : 생일에 ______________?
유진 : 생일에 친구를 초대해요. 친구하고 파티를 해요.

Sinh hoạt thường ngày

제5과 하루 일과

Từ điển tranh 그림사전

명사	Danh từ
낮	Thư viện
도서관	Ban đêm
밤	Ban đêm
새벽	Rạng sáng
샤워	Tắmrửa
세수	Rửa mặt
수업	Tiết học
아침	Buổi sáng
아침(밥)	Bữa ăn sáng
오전	Buổi sáng (trước 12h), A.M.
오후	Buổi chiều, P.M.
운동	Vận động, tập thể dục
이	Răng
잠	Giấc ngủ
저녁	Buổi tối
저녁(밥)	Bữa ăn tối
점심	Buổi trưa
점심(밥)	Bữa ăn trưa
친구	Bạn bè
컴퓨터	Máy vi tính
텔레비전	Ti vi
학교	Trường học

동사	Động từ
끝나다	Kết thúc
닦다	Lau, chùi, đánh (răng)
돌아가다	Quay lại, trở về
먹다	Ăn
보다	Nhìn, trông, xem
시작하다	Bắt đầu
일어나다	Thức dậy
자다	Ngủ

일어나다

세수를 하다

이를 닦다

샤워를 하다

아침/점심/저녁을 먹다

수업이 시작하다/끝나다

친구를 만나다

텔레비전을 보다

운동을 하다

인터넷을 하다

잠을 자다

시간 말하기

1	한	시	1	한	분
2	두		2	두	
3	세		3	세	
4	네		4	네	
5	다섯		5	다섯	
6	여섯				
7	일곱		30	삼십	
8	여덟				
9	아홉		56	오십육	
10	열		57	오십칠	
11	열한		58	오십팔	
12	열두		59	오십구	

1:00 한 시
2:15 두 시 십오 분
3:27 세 시 이십칠 분
6:30 여섯 시 삼십 분 (=여섯 시 반)

8:41 여덟 시 사십일 분
9:30 아홉 시 삼십 분
11:59 열한 시 오십구 분
12:00 열두 시

낮

밤

đối thoại 대화

휘 씨의 하루

저는 어제 아침 7시에 일어났어요.

7시에 샤워를 했어요.

그리고 8시에 아침을 먹었어요.

9시에 학교에 갔어요.

10시부터 12시까지 한국어 수업이 있었어요.

12시에 식당에서 점심을 먹었어요.

낮에 도서관에 갔어요.

도서관에서 책을 읽었어요.

5시에 집에 왔어요.

집에서 저녁을 먹었어요.

밤에 인터넷을 했어요.

숙제도 했어요.

11시에 잠을 잤어요.

어휘 및 표현

보통	Thông thường, bình thường	읽다	Đọc
한국어	Tiếng Hàn Quốc	N(시간)에	Lúc, vào N(thời gian, ngày)
그리고	Và	N1부터 N2까지	Từ N1 đến N2
수업	Tiết học	N도	N cũng
책	Sách		

Ngữ pháp 문법

1. V · A았어요/었어요/였어요

'–았어요/었어요/였어요' là đuôi kết thúc câu ở thì quá khứ.

Nếu nguyên âm cuối của gốc động từ hoặc tính từ là nguyên âm 'ㅏ hoặc ㅗ', thì kết hợp với đuôi '–았어요'.

Nếu nguyên âm cuối của gốc động từ hoặc tính từ là nguyên âm khác hai nguyên âm 'ㅏ, ㅗ', thì kết hợp với đuôi '–었어요'. Nếu động từ hoặc tính từ kết thúc bằng đuôi '하다', thì dùng '–였어요'.

ㅗ, ㅏ	가다 đi	가/+ 았어요	→	갔어요
	오다 đến	오/+ 았어요	→	왔어요
	앉다 ngồi	앉/+ 았어요	→	앉았어요
ㅗ, ㅏ 제외한 모음 (ㅜ, ㅓ, ㅡ, ㅣ…)	먹다 ăn	먹/ + 었어요	→	먹었어요
	웃다 cười	웃/ + 었어요	→	웃었어요
	배우다 học	배우/ + 었어요	→	배웠어요
	마시다 uống	마시/ + 었어요	→	마셨어요
'하다' 동사	공부하다 nghiên cứu	공부하/ + 였어요	→	공부했어요
	사랑하다 yêu	사랑하/ + 였어요	→	사랑했어요
	좋아하다 thích	좋아하/ + 였어요	→	좋아했어요

예

현재	과거
오늘 비가 와요.	어제 비가 왔어요.
저는 학교에 가요.	저는 학교에 갔어요.
휘 씨는 지금 밥을 먹어요.	휘 씨는 아까 밥을 먹었어요.
영화가 재미있어요.	영화가 재미있었어요.
지금 숙제를 해요.	어제 밤에 숙제를 했어요.

Ngữ pháp thực hành 문법 연습 ❺

1. 다음을 바꿔 쓰세요.

① 와요 ⇨ 왔어요.
② 공부해요 ⇨
③ 마셔요 ⇨
④ 배워요 ⇨
⑤ 먹어요 ⇨
⑥ 웃어요 ⇨

2. 그림을 보고 질문에 대답하세요.

① 가 : 어제 아침에 무엇을 했어요?
나 : 운동했어요.

② 가 : 어제 낮에 무엇을 했어요?
나 :

③ 가 : 어제 밤에 무엇을 했어요?
나 :

Từ vựng và sự diễn đạt 어휘 & 표현 ❺

1. 사람들이 무엇을 해요? 【보기】에서 알맞은 단어를 골라 쓰세요.

보기
- 인터넷을 하다
- 운동을 하다
- 이를 닦다
- 친구를 만나다
- 샤워를 하다
- 세수를 하다

① 운동을 하다. ② ③

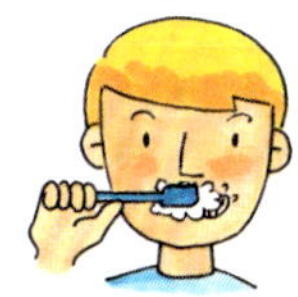

④ ⑤ ⑥

2. 다음 그림을 보고 문장을 완성하세요.

① 9시부터 12시까지 수업을 들었어요.

② ______________________

③ ______________________

Sử dụng phương tiện giao thông

제6과 교통수단 이용하기

Từ điển tranh 그림사전

명사	Danh từ
교통카드	Thẻ giao thông
노선도	Bản đồ tuyến đường
단말기	Thiết bị đọc thẻ
버스	Xe buýt
버스정류장	Trạm xe buýt
벨	Chuông
손잡이	Cán, tay cầm
요금	Tiền vé, Tiền xe...
자리	Chỗ ngồi
줄	Hàng
지하철	Tàu điện ngầm
출구	Lối ra
택시비	Tiền taxi
표	Vé

동사	Verbs
갈아타다	Đổi (chuyển xe, tuyến đường)
기다리다	Đợi, chờ
나오다	Trở ra, đi ra
내다	Trả (tiền..)
내리다	Xuống
넣다	Đưa vào, cho vào
누르다	Ấn, bấm
대다	Để, đặt, bố trí
서다	Đứng
세우다	Dừng lại
앉다	Ngồi
잡다	Cầm
타다	Đi (bằng phương tiện gì)

표현	Biểu diễn
줄을 서다	Đứng xếp hàng

버스를 기다리다

버스를 타다

버스 요금을 내다

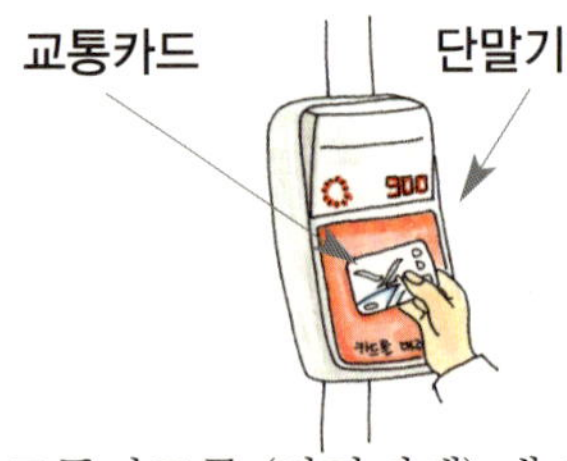

교통카드를 (단말기에) 대다

손잡이를 잡다

자리에 앉다

벨을 누르다

버스에서 내리다

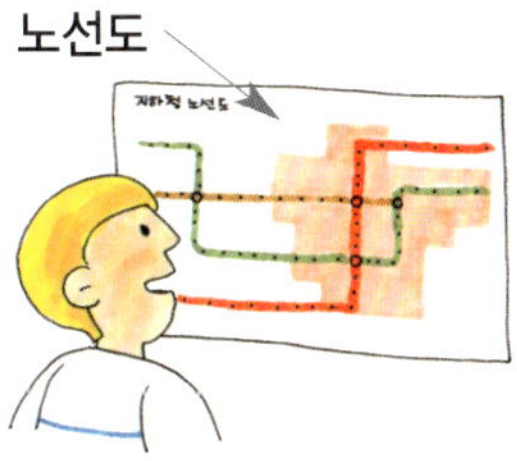

지하철 노선도를 보다

지하철 표를 넣다

줄을 서다

지하철을 타다

2호선으로 갈아타다

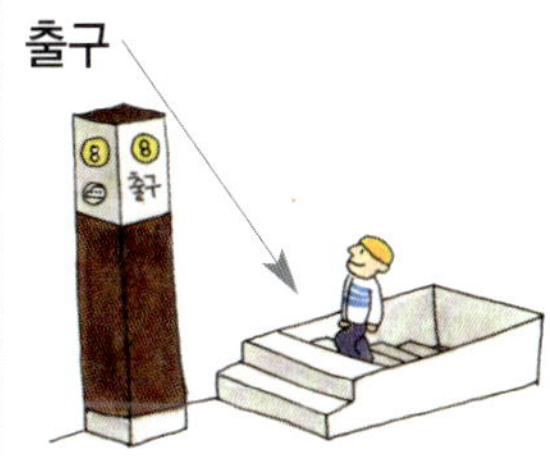

8번 출구로 나오다

택시를 잡다

택시를 타다

택시비를 내다

Mẫu câu thông dụng thường dùng khi đi taxi

Khi bạn nói với tài xế taxi về địa điểm bạn muốn đến, "N (điểm đến)에 가 주세요."

- 부경대학교에 가 주세요.

Cho tôi xuống chỗ kia.

- 저기에 세워 주세요.

đối thoại 대화

부산역에 어떻게 가요?

휘 : 부산역에 어떻게 가요?

학생: 버스나 지하철을 타세요.

휘 : 버스 정류장은 어디에 있어요?

학생: 부경대학교 정문 앞에 있어요.

거기에서 27번 버스를 타세요.

휘 : 시간이 얼마나 걸려요?

학생: 25분쯤 걸려요.

어휘 및 표현

부산역	Ga Busan	걸리다	Mất, tốn (thời gian)
어떻게	Như thế nào	쯤	Khoảng chừng~
정문	Cửa trước, cổng chính	N에 어떻게 가요?	Tôi có thể đi đến N bằng cách nào?
거기	Ở đó	N1(이)나 N2	N1 hoặc N2
~번 버스	Xe buýt số ~	시간이 얼마나 걸려요?	Thời gian mất khoảng bao lâu?
얼마나	Bao lâu		

덤

대중교통 안내 사이트

요즘은 버스, 지하철 등 대중교통 정보를 제공하는 사이트가 많이 있습니다. 외출하기 전에 버스, 지하철 노선과 요금, 운행 정보를 꼭 확인해 봅시다.

http://traffic.map.naver.com/ 전국 지하철, 버스 운행 정보

http://www.websubway.co.kr/subway/default.asp?city=pusan 부산 지하철 노선도

http://bus.busan.go.kr/ 부산 버스 노선 안내

Ngữ pháp 문법

1. V(으)세요

'–(으)세요' là đuôi kết thúc câu yêu cầu hoặc mệnh lệnh ở dạng lịch sự .
Nếu âm cuối của gốc động từ là phụ âm (V1C1 hoặc C1V1C2) thì dùng '–으세요',
Nếu âm cuối của gốc động từ là nguyên âm (V1 hoặc C1V1) thì dùng '–세요'.

V_1C_1 또는 $C_1V_1C_2$	앉다	앉/ + 으세요	→	앉으세요
	읽다	읽/ + 으세요	→	읽으세요
V_1 또는 C_1V_1	가다	가/ + 세요	→	가세요
	쓰다	쓰/ + 세요	→	쓰세요

Hai động từ dưới đây khi kết hợp với '(으)세요' sẽ biến đổi thành dạng khác

먹다	먹/ + 으세요	→	먹으세요(X)	드세요(○)
자다	자/ + 세요	→	자세요(X)	주무세요(○)

예

• 여기에 앉으세요.

• 안녕히 가세요.

• 맛있게 드세요.

2. V지 마세요

'–지 마세요' là thể phủ định của '–(으)세요'.

예

• 먹지 마세요.

• 이야기하지 마세요.

• 담배를 피우지 마세요.

Ngữ pháp thực hành 문법 연습 ⑥

1. 다음을 바꿔 쓰세요.

① 오다 ⇨ 오세요.
② 기다리다 ⇨
③ 타다 ⇨
④ 앉다 ⇨
⑤ 잡다 ⇨

2. 다음을 바꿔 쓰세요.

① 오다 ⇨ 오지 마세요.
② 기다리다 ⇨
③ 타다 ⇨
④ 앉다 ⇨
⑤ 잡다 ⇨

3. 선생님이 어떻게 말해요? 쓰세요.

① 듣고 따라하다 ⇨ 듣고 따라하세요.
② 읽다 ⇨
③ 쓰다(×) ⇨ 쓰지 마세요.
④ 영어로 말하다(×) ⇨
⑤ 책을 보다(×) ⇨

Từ vựng và sự diễn đạt 어휘 & 표현 ⑥

1. 다음 그림을 보고 빈칸을 채우세요.

① 버스를 기다리다.

② 줄_ _다.

③ 버스_ _다.

④ 버스_ _ _ _나.

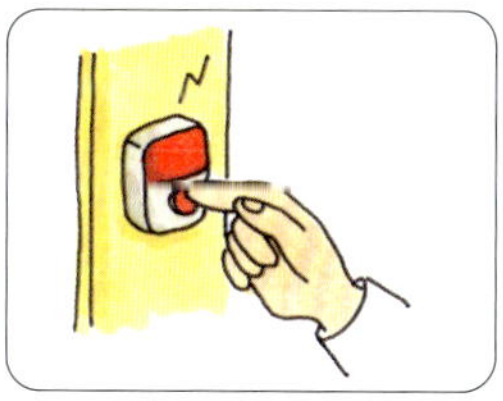

⑤ 벨_ _ _다.

Gọi điện thoại và Sắp xếp cuộc hẹn

제7과 전화하기 • 약속하기

Từ điển tranh 그림사전

명사	Danh từ
전화(기)	Điện thoại
휴대폰	Điện thoại di động
통화 중	Đang nói chuyện điện thoại
전화번호	Số điện thoại
표	Vé

동사	Động từ
끊다	Cúp
바꿔 주다	Chuyển điện thoại cho người khác
받다	Trả lời/ Nhận
울리다	Reo, reng
정하다	Sắp xếp
취소하다	Hủy bỏ
확인하다	Kiểm tra / Xác nhận

부사	Phó từ
잘못	Thiếu sót, sơ sót, lỗi lầm

표현	Biểu diễn
전화를 걸다	Gọi điện thoại
전화를 끊다	Cúp điện thoại

전화번호를 누르다

전화를 걸다

전화가 울리다

전화를 받다

통화중이다

전화를 잘못 걸다

전화를 바꿔 주다

전화를 끊다

약속 시간을 정하다

약속 장소를 정하다

약속을 취소하다

영화시간을 확인하다

영화표를 사다

영화를 보다

Mẫu câu thường dùng khi gọi điện thoại 전화표현

여보세요.	A lô
거기 ~ (이)지요?	Đây có phải là ~?
전데요.	Là tôi đây.
~씨 좀 바꿔 주세요.	Xin chuyển máy cho (anh, chị...) ~ .
~씨 전화 왔어요.	(Anh, chị...) ~ có điện thoại.
~씨 전화 받으세요.	Xin mời (anh, chị...) ~ nhận điện thoại.
지금 안 계세요.	Bây giờ anh ấy / cô ấy không có ở đây.
잠깐만 기다리세요.	Xin đợi máy một lát.
다시 전화할게요.	Tôi sẽ gọi điện lại.
안녕히 계세요. (전화 끊을 때)	Tạm biệt (dùng khi bạn cúp điện thoại)

đối thoại 대화

같이 영화를 볼까요?

휘 : 여보세요?
유진: 여보세요?
휘 : 유진 씨, 저 휘예요.
유진: 아, 휘 씨, 무슨 일이에요?
휘 : 유진 씨, 내일 시간 있어요?
유진: 네, 시간 있어요.
휘 : 그러면 우리 같이 영화를 볼까요?
유진: 좋아요. 같이 영화를 봅시다.
몇 시에 만날까요?
휘 : 2시 어때요?
유진: 네. 좋아요.
그러면 내일 2시에 학교 앞 영화관에서 만납시다.
휘 : 네. 유진 씨, 내일 봐요.

어휘 및 표현

내일	Ngày mai	몇 시	Mấy giờ
시간	Thời gian	N 어때요?	Bạn thấy nghĩ N thế nào?
우리	Chúng ta		
같이	Cùng nhau	무슨 일이에요?	Có chuyện gì vậy?

덤

영화관 이용 예절

영화관에서 영화를 볼 때도 지켜야 할 예절이 있습니다. 영화관 이용 예절을 함께 알아볼까요?

첫째, 핸드폰은 진동으로 바꾸거나 전원을 끄세요.
둘째, 사진을 찍지 마세요.
셋째, 앞사람의 자리를 발로 차지 마세요.
넷째, 쓰레기는 쓰레기통에 버리세요.

Ngữ pháp 문법

1. V(으)ㄹ까요?

'-(으)ㄹ까요?' đuôi kết thúc câu đề nghị, thể hiện chủ định của người nói và hỏi ý kiến của người nghe, có ý rủ hoặc dự đoán, tự hỏi một điều nào đó.
Khi gốc động từ kết thúc bằng một phụ âm (V1C1 hoặc C1V1C2) thì dùng '-을까요?', Khi gốc động từ kết thúc bằng một nguyên âm (V1 hoặc C1V1) thì dùng '-ㄹ까요?'.

V_1C_1 또는 $C_1V_1C_2$	먹다	먹/ + 을까요?	→	먹을까요?
	앉다	앉/ + 을까요?	→	앉을까요?
	찾다	찾/ +을까요?	→	찾을까요?
V_1 또는 C_1V_1	보다	보/ + ㄹ까요?	→	볼까요?
	만나다	만나/ +ㄹ까요?	→	만날까요?
	기다리다	기다리/ +ㄹ까요?	→	기다릴까요?

2. V(으)ㅂ시다.

'-(으)ㅂ시다' Đuôi kết thúc câu cầu khiến, đề nghị, rủ rê làm một việc nào đó mà người nói và người nghe cùng làm với nhau.
Khi gốc động từ kết thúc bằng một phụ âm (V1C1 hoặc C1V1C2) thì dùng '-읍시다', Khi gốc động từ kết thúc bằng một nguyên âm (V1 hoặc C1V1) thì dùng '-ㅂ시다'.

V_1C_1 또는 $C_1V_1C_2$	읽다	읽/ + 읍시다	→	읽읍시다
	받다	받/ + 읍시다	→	받읍시다
	잡다	잡/ +읍시다	→	잡읍시다
V_1 또는 C_1V_1	타다	타/ + ㅂ시다	→	탑시다
	배우다	배우/+ ㅂ시다	→	배웁시다
	마시다	마시/ +ㅂ시다	→	마십시다

예

- 유진: 우리 버스를 탈까요?
  휘 : 좋아요. 버스를 탑시다.
- 휘 : 내일 같이 해운대에 갈까요?
  유진: 미안해요.
  내일은 시간이 없어요.
  다음에 갑시다.
- 유진: 점심을 같이 먹읍시다.
  휘: 네, 좋아요.
- 휘: 오늘 3시에 만납시다.
  유진: 3시에는 수업이 있어요.
  4시 어때요?

Ngữ pháp thực hành 문법 연습 ❼

1. 다음을 바꿔 쓰세요.

① 가요 ⇨ 갈까요?
② 만나요 ⇨
③ 먹어요 ⇨
④ 봐요 ⇨
⑤ 읽어요 ⇨

2. 다음을 바꿔 쓰세요.

① 가요 ⇨ 갑시다.
② 만나요 ⇨
③ 먹어요 ⇨
④ 봐요 ⇨
⑤ 읽어요 ⇨

3. 다음 그림을 보고 대화를 완성하세요.

① 가 : 배가 고파요.
나 : 식당에 갈까요 ?
가 : 네. 식당에 갑시다.

② 가 : 내일 시험이 있어요.
나 : ______________?
가 : 네, 도서관에서 공부합시다.

③ 가 : 피곤해요.
나 : ______________?
가 : 네, 의자에 앉읍시다.

Từ vựng và sự diễn đạt 어휘 & 표현 ❼

1. 다음은 전화 대화입니다. 【보기】에서 알맞은 문장을 골라 보세요.

보기
① 거기 휘 씨 집이지요?
② 다시 전화할게요.
③ 휘 씨 좀 바꿔 주세요.

가 : 여보세요, ____________________

나 : 네, 맞아요.

가 : ____________________

나 : 지금 안 계세요.

가 : 그럼, ____________________

안녕히 계세요.

2. 다음 단어 다음에 올 수 없는 것을 고르세요.

① 버스를	□ 타다	☑ 내리다	□ 기다리다
② 전화를	□ 울리다	□ 걸다	□ 끊다
③ 약속을	□ 누르다	□ 정하다	□ 취소하다

Các hoạt động cuối tuần

제8과 주말활동

Từ điển tranh 그림사전

명사	Danh từ
낚시	Câu cá
노래	Bài hát
등산	Leo núi
빨래	Giặt đồ
사진	Hình, ảnh
설거지	Rửa chén đĩa
쇼핑	Đi mua sắm
여행	Du lịch
음악	Âm nhạc
주말	Cuối tuần
주중	Các ngày trong tuần
찜질방	Nhà tắm hơi
청소	Dọn dẹp
춤	Nhảy
평일	Ngày thường trong tuần

동사	Động từ
듣다	Nghe
읽다	Đọc

기타	Loại khác
노래를 부르다	Hát
사진을 찍다	Chụp hình
춤을 추다	Nhảy, Múa

책을 읽다

음악을 듣다

영화를 보다

등산을 하다

노래를 부르다

사진을 찍다

춤을 추다

여행을 가다

낚시를 하다

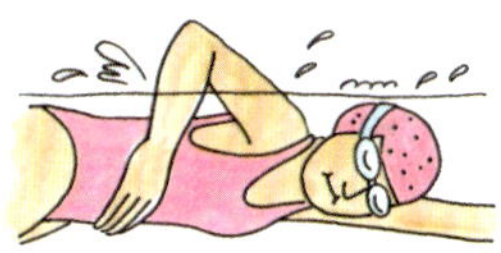

운동을 하다

컴퓨터 게임을 하다

쇼핑을 하다

찜질방에 가다

요리를 하다

설거지를 하다

청소를 하다

빨래를 하다

Các ngày trong tuần Và Cuối tuần 평일과 주말

요일	월요일	화요일	수요일	목요일	금요일	토요일	일요일
	Thứ hai	Thứ ba	Thứ tư	Thứ năm	Thứ sáu	Thứ bảy	Chủ nhật
	주중(평일) I Các ngày trong tuần					주말 I Cuối tuần	

đối thoại 대화

주말에 뭐 해요?

유진: 휘 씨, 이번 주말에 뭐 해요?

휘 : 토요일에 남포동에 갈 거예요.

유진: 남포동에서 무엇을 할 거예요?

휘 : 내일부터 남포동에서 국제영화제가 열려요.

그래서 남포동에서 영화를 볼 거예요.

유진 씨는 주말에 뭐 할 거예요?

유진: 저는 이번 주말에 해운대에 갈 거예요.

해운대에서 바다를 구경할 거예요.

그리고 사진을 많이 찍을 거예요.

어휘 및 표현

이번	(thời gian) này	바다	Biển
뭐(=무엇을)	Gì, cái gì	구경하다	Tham quan
남포동	Nampodong (Tên một khu vực)	사진	Hình, ảnh
국제영화제	Liên hoan phim quốc tế	사진을 찍다	Chụp hình
열리다	Được tổ chức	많이	Nhiều
그래서	Vì vậy	이번 N	N này
해운대	Haeundae (Tên một bãi biển)	N부터	Bắt đầu, từ N

덤

부산국제영화제

매년 10월 부산 남포동과 해운대 등에서는 부산국제영화제(PIFF: Pusan International Film Festival)가 열립니다. 부산국제영화제는 1996년에 처음 시작하여 지금은 아시아 최고의 영화제가 되었습니다. 매년 부산국제영화제 기간에는 전 세계 영화감독과 영화배우, 그리고 영화를 사랑하는 많은 사람들이 부산을 찾고 있습니다.

Ngữ pháp 문법

1. V · A(으)ㄹ 거예요

'-(으)ㄹ 거예요' là thì tương lai của '아/어/여요'. Biểu hiện sự dự đoán, một dự định nào đó; được dùng nhiều cho ngôi thứ ba.
Khi gốc động từ, tính từ kết thúc bằng một phụ âm (V1C1 hoặc C1V1C2) thì dùng '-을 거예요'
Khi gốc động từ, tính từ kết thúc bằng một nguyên âm (V1 hoặc C1V1) thì dùng '-ㄹ 거예요'.

V_1C_1 또는 $C_1V_1C_2$	입다	입 +을 거예요	→	입을 거예요
	많다	많 +을 거예요	→	많을 거예요
V_1 또는 C_1V_1	오다	오 +ㄹ 거예요	→	올 거예요
	예쁘다	예쁘 +ㄹ 거예요	→	예쁠 거예요

예

- 저는 오늘 저녁에 불고기를 먹을 거예요. (미래)
- 내일 부산에 비가 올 거예요. (미래)
- 지금 서울에 눈이 올 거예요. (추측)
- 주말에 해운대에 사람이 많을 거예요. (추측)

2. 안 V · A(으)ㄹ 거예요

'안 -(으)ㄹ 거예요' là thể phủ định của 'V(으)ㄹ 거예요' Tuy nhiên, đối với động từ có đuôi '하다' mà có cấu trúc 'N+하다' thì đặt '안' vào giữa danh từ và '하다'.

동사	긍정문	부정문
가다	갈 거예요	안 갈 거예요
작나	작을 서예요	안 작을 거예요
깨끗하다	깨끗할 거예요	안 깨끗할 거예요
※요리하다	요리할 거예요	요리 안 할 거예요

예

- 방학에 집에 안 갈 거예요.
- 오늘 밤에는 인터넷을 안 할 거예요.
- 이번 겨울에는 부산에 눈이 안 올 거예요.
- 다음 주말에 날씨가 안 좋을 거예요.

Ngữ pháp thực hành 문법 연습 ⑧

1. 다음과 같이 하세요.

	어 제	오 늘	내 일
① 가다	갔어요	가요	갈 거예요
② 읽다		읽어요	
③ 하다		해요	
④ 먹다		먹어요	
⑤ 입다		입어요	
⑥ 사다		사요	

2. 다음의 대화를 완성하세요.

① 가 : 월요일에 운동을 할 거예요?
나 : 아니요, 월요일에 운동을 안 할 거예요.

② 가 : 토요일에 찜질방에 갈 거예요?
나 : 아니요, ________________.

③ 가 : 일요일에 등산을 할 거예요?
나 : 아니요, ________________.

④ 가 : 수요일에 청소를 할 거예요?
나 : 아니요, ________________.

Từ vựng và sự diễn đạt 어휘 & 표현 ❽

1. 다음과 같이 하세요.

① 일 – 이 – (삼) – 사 – (   ) – 육 – 칠 – (   ) – (   )

② (   ) – (   ) – 내일

③ 하나 – 둘 – (   ) – (   ) – 다섯 – 여섯 – (   ) – (   )

④ 일요일 – 월요일 – 화요일 – (   ) – 목요일 – (   ) – (   )

2. 다음의 대화를 완성하세요.

① 가 : 이번 주말에 무엇을 할 거예요?
나 : 책을 읽을 거예요.

② 가 : 이번 주말에 무엇을 할 거예요?
나 : ____________________.

③ 가 : 이번 주말에 무엇을 할 거예요?
나 : ____________________.

④ 가 : 이번 주말에 무엇을 할 거예요?
나 : ____________________.

Đi bệnh viện

제9과 병원가기

Từ điển tranh 그림사전

명사	Danh từ
감기	Cảm cúm
기침	Ho
머리	Đầu
멍	Vết bầm
몸살	Sự đau ốm do mệt nhọc
발	Chân
밴드	Băng keo cá nhân
붕대	Băng gạc, băng vải
약	Thuốc
열	Sốt
접수	Tiếp nhận, tiếp đón
주사	Sự tiêm, chích
진찰	Chẩn đoán, xét nghiệm
처방전	Đơn thuốc
체온	Nhiệt độ cơ thể
피	Máu

동사	Động từ
감다	Quấn, cuộn
다치다	Bị thương
바르다	Bôi, thoa
받다	Nhận
붙이다	Dán, đính, gắn
삐다	Bong gân, trật khớp
재다	Đo lường

형용사	Tính từ
아프다	to be sick

표현	Biểu diễn
감기에 걸리다	Mắc bệnh cảm
멍이 들다	Bị bầm
몸살이 나다	Mệt mỏi, đau nhức do kiệt sức
약을 짓다	Bán thuốc theo đơn
열이 나다	Bị sốt
주사를 맞다	Tiêm thuốc
피가 나다	Chảy máu

접수를 하다

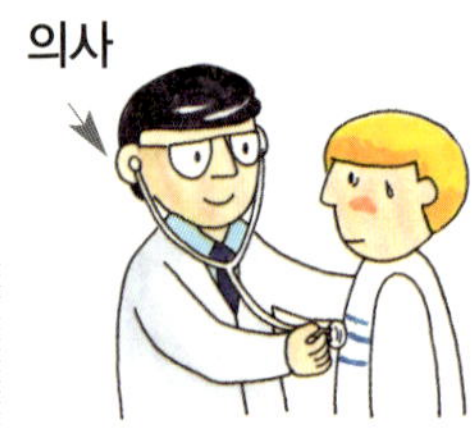

진찰을 받다

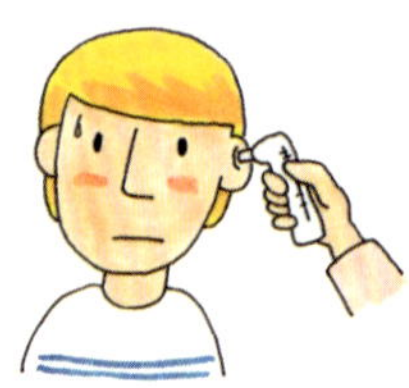
체온을 재다

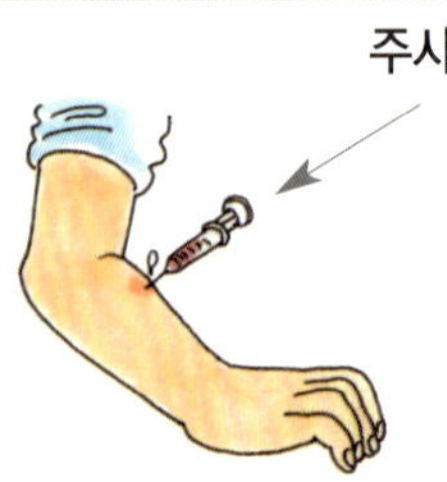

주사를 맞다

처방전을 받다

약을 짓다

머리가 아프다

몸살이 나다

다리를 다치다

피가 나다

감기에 걸리다

기침을 하다

콧물이 나다

열이 나다

멍이 들다

발을 삐다

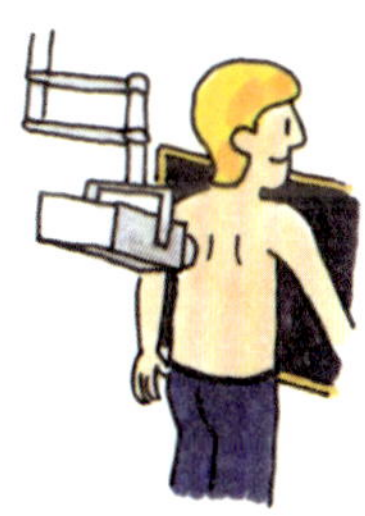
엑스레이를 찍다

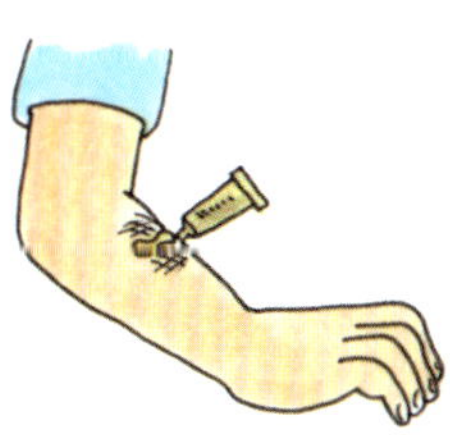
약을 바르다

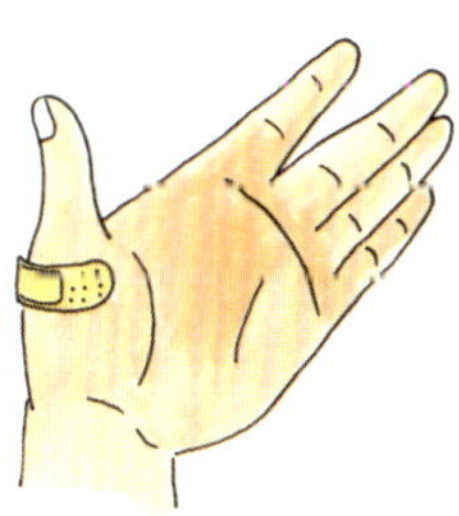
밴드를 붙이다

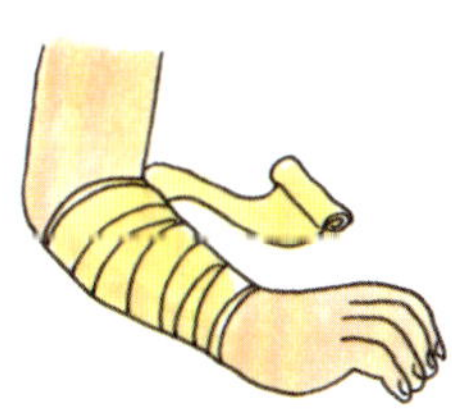
붕대를 감다

đối thoại 대화

배가 아프고 열이 나요.

간호사: 휘 씨, 1번 방으로 들어가세요.

의사: 어떻게 오셨어요?

휘 : 배가 아프고 열이 나요.

의사: 배가 어떻게 아파요?

휘 : 소화가 잘 안 되고 설사를 해요.

의사: 언제부터 아팠어요?

휘 : 어제 밤부터 아팠어요.

의사: 오늘은 매운 음식을 먹지 말고 죽을 드세요.
그리고 이 약은 하루에 세 번 식후에 드세요.

어휘 및 표현

1번	Số 1	설사(를) 하다	Bị tiêu chảy
방	Phòng	~지 말다	Đừng làm một việc gì đó (chỉ dùng trong câu yêu cầu hoặc câu mệnh lệnh)
들어가다	Đi vào	죽	Cháo
매운	Cay	하루	Một ngày
소화	Sự tiêu hóa	식후	Sau bữa ăn
소화가 안 되다	Khó tiêu	어떻게 오셨어요?	Bạn đến đây để khám gì?

덤

한의원

한국에는 한의원이라고 하는 병원이 있습니다. 한의원에서는 한국의 전통적인 치료법으로 환자를 치료합니다. 한의원은 서양식 병원과는 달리 칼과 기계를 사용하지 않고, 주로 한약과 침을 이용하여 치료를 합니다. 최근에는 자연친화적 치료법에 매력을 느낀 외국인들이 한의원을 많이 찾고 있다고 합니다.

Ngữ pháp 문법

1. V · A고

1) V·A고 (나열)

'–고' dùng để kết nối giữa các câu mang tính đồng thời.

예
- 오늘은 비가 와요. 그리고 바람이 불어요.
  → 오늘은 비가 오/고 바람이 불어요.
- 형은 대학생이에요. 그리고 동생은 고등학생이에요.
  → 형은 대학생이/고 동생은 고등학생이에요.
- 휘 씨는 공부를 잘해요. 그리고 운동을 잘해요.
  → 휘 씨는 공부를 잘하/고 운동을 잘해요.
- 콧물이 나요. 그리고 기침을 해요.
  → 콧물이 나/고 기침을 해요.

2) V고 (시간 순서)

'–고' cũng thường được dùng để kết nối giữa các động từ, theo trình tự thời gian giữa câu trước và câu sau. Trong trường hợp này, câu trước và câu sau phải cùng chủ ngữ với nhau.

예
- 저는 밥을 먹어요. 그리고 그 후에 숙제를 해요.
  → 저는 밥을 먹/고 숙제를 해요.
- 수업이 끝나요. 그리고 사무실에 오세요.
  → 수업이 끝나/고 사무실에 오세요.
- 먼저 숙제를 합시다. 그리고 텔레비전을 봅시다.
  → 먼저 숙제를 하/고 텔레비전을 봅시다.
- 약을 바르세요. 그리고 밴드를 붙이세요.
  → 약을 바르/고 밴드를 붙이세요.

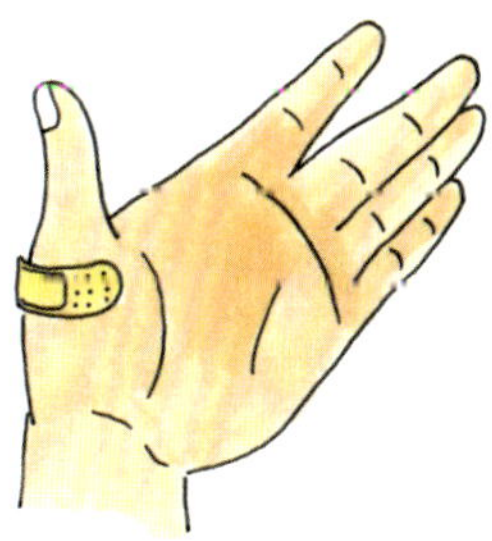

Ngữ pháp thực hành 문법 연습 ⑨

1. 다음 문장을 완성하세요.

① 오늘은 비가 와요. 그리고 바람이 불어요.

⇨ 오늘은 비가 오고 바람이 불어요.

② 휘 씨는 베트남 사람이에요. 그리고 유진 씨는 한국 사람이에요.

⇨ ______________________

③ 피가 나요. 그리고 멍이 들었어요.

⇨ ______________________

④ 휘 씨는 춤을 춰요. 그리고 유진 씨는 노래를 불러요.

⇨ ______________________

2. 다음 표를 보고 휘 씨의 하루 일과를 쓰세요.

7:00	아침을 먹다
9:00	학교에 가다
10:00~12:00	한국어 수업을 듣다
12:00	점심을 먹다
1:00	도서관에서 책을 읽다
5:00	집에 돌아가다

① 휘 씨는 아침을 먹고 학교에 가요.

② 한국어 수업을 ______________

③ 점심을 ______________

④ 도서관에 책을 읽고 ______________

Từ vựng và sự diễn đạt 어휘 & 표현 ❾

1. 관계있는 단어를 연결하세요.

① 머리가	㉠ 걸리다
② 열이	㉡ 아프다
③ 감기에	㉢ 다치다
④ 다리를	㉣ 하다
⑤ 기침을	㉤ 나다

2. 다음 그림을 보고, 알맞은 동사를 고르세요.

① 기침을 (하다) / 나다

② 콧물이 하다 / 나다

③ 열이 하다 / 나다

④ 피가 하다 / 나다

Đi đến nhà hàng

제10과 식당가기

Từ điển tranh 그림사전

명사	Danh từ
그릇	Chén, bát
나이프	Dao
메뉴판	hực đơn
배	Bụng
숟가락	Muỗng
음식	Thức ăn
접시	Đĩa
젓가락	Đũa
컵	Ly, tách
포크	Nĩa

동사	Động từ
계산하다	Tính tiền, trả tiền
시키다	Ra lệnh; gọi (thức ăn..)
주문하다	Đặt hàng

형용사	Tính từ
달다	Ngọt
맛없다	Không ngon, vô vị
맛있다	Thơm ngon
맵다	Cay
시다	Chua
싱겁다	Nhạt nhẽo
쓰다	Đắng
짜다	Mặn

표현	Biểu diễn
배가 고프다	Đói bụng
배가 부르다	No nê

배가 고프다

배가 부르다

메뉴판을 보다

음식을 고르다

음식을 시키다 = 주문하다

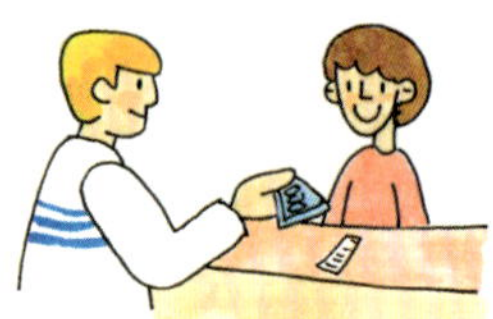
계산하다

맛있다

맛없다

Mùi vị 음식의 맛

맵다 시다 싱겁다 짜다 달다 쓰다

Các dụng cụ dùng trong bữa ăn 식사도구 이름

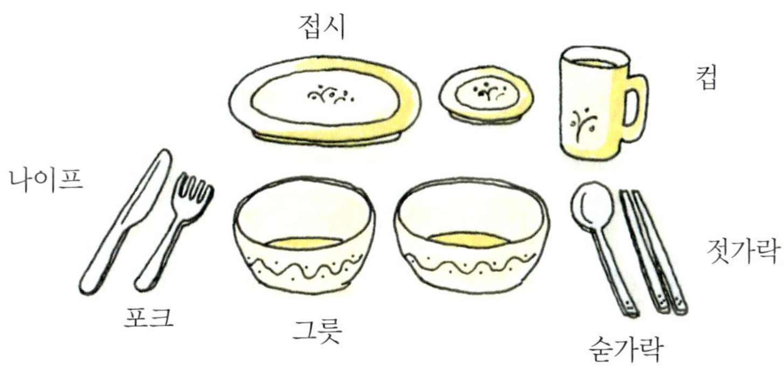

Các câu thông dụng trong nhà hàng 유용한 표현

어서 오세요	Xin mời vào.
이쪽으로 오세요.	Xin mời đi lối này.
뭐 드시겠습니까?	Quý khách muốn dùng món gì ạ?
음식 값은 선불입니다.	Xin trả tiền đồ ăn trước.
제가 한 턱 낼게요.	Tôi sẽ đãi lần này.
반찬 좀 더 주세요.	Xin cho thêm món ăn phụ.
몇 분이세요?	Có tất cả bao nhiêu người?

đối thoại 대화

삼겹살을 먹고 싶어요.

유진: 휘 씨, 저녁 먹었어요?

휘 : 아니요. 아직 안 먹었어요.

유진: 그러면, 같이 저녁을 먹을까요?

휘 : 네, 좋아요. 학교 근처 식당에 갑시다.

〈식당에서〉

유진: 휘 씨, 뭐 먹고 싶어요?

휘 : 저는 삼겹살을 먹고 싶어요
유진 씨는요?

유진: 저도 삼겹살을 먹고 싶어요
우리 밥도 먹을까요?

휘 : 좋아요.

유진: 여기요! 삼겹살 이 인분하고 밥 두 공기 주세요.

어휘 및 표현

아직	Vẫn chưa, hãy còn	인분	Phần (thức ăn)
같이	Cùng nhau	공기	Cơm Không
근처	Gần	N1하고 N2	N1 và N2
삼겹살	Samgyupsal (một loại của thịt heo)		

덤

한국 음식

김치	비빔밥	불고기	삼계탕	된장찌개

Ngữ pháp 문법

1. V고 싶다

'-고 싶다' thể hiện sự mong muốn của người nói muốn làm một điều gì đó.

먹다	먹/ + 고 싶다	→	먹고 싶다
살다	살/ + 고 싶다	→	살고 싶다
보다	보/ + 고 싶다	→	보고 싶다
결혼하다	결혼하/ + 고 싶다	→	결혼하고 싶다

예

• 배가 고파요. 밥을 먹고 싶어요.

• 너무 피곤해요. 쉬고 싶어요.

• 오늘은 제 생일이에요. 선물을 받고 싶어요.

• 휘 : 이번 크리스마스에 뭐 하고 싶어요?
유진: 친구들하고 파티를 하고 싶어요.

• 유진: 졸업하고 뭐 하고 싶어요?
휘 : 졸업하고 한국 회사에 다니고 싶어요.

Ngữ pháp thực hành 문법 연습 ⑩

1. 【보기】에서 그림에 맞는 표현을 고르세요.

보기	• 밥을 먹고 싶어요	• 쉬고 싶어요	• 선물을 받고 싶어요

① 너무 피곤해요.

쉬고 싶어요.

② 배가 고파요.

____

③ 오늘은 제 생일이에요.

____

2. 다음을 바꿔 쓰세요.

① 삼겹살을 먹어요. ⇨ 삼겹살을 먹고 싶어요.

② 책을 읽어요. ⇨ ____________

③ 버스에서 내려요. ⇨ ____________

④ 자리에 앉아요. ⇨ ____________

⑤ 운동을 해요. ⇨ ____________

Từ vựng và sự diễn đạt 어휘 & 표현 ⑩

1. 다음 그림에 맞는 표현을 고르세요.

①

②

③

④

⑤

㉠ 짜다

㉡ 맵다

㉢ 시다

㉣ 달다

㉤ 쓰다

2. 그림을 보고 대화를 완성하세요.

① 가 : 무엇이 있어요?

나 : 컵하고 포크가 있어요.

② 가 : 무엇이 있어요?

나 : ____________________

③ 가 : 무엇이 있어요?

나 : ____________________

Mua sắm

제11과 물건사기

Từ điển tranh 그림사전

명사	Danh từ
값	Giá cả
길이	Chiều dài
모자	Mũ, nón
사이즈	Kích cỡ
쇼핑	Đi mua sắm
신발	Giày
옷	Quần áo

동사	Động từ
계산하다	Tính tiền, trả tiền
고르다	Chọn lựa
교환하다	sự đổi chác sự trao đổi
구경하다	Ngắm, xem
깎다	Giảm giá
들다	Xách, mang (túi xách tay)
맞다	Vừa vặn
메다	Mang, vác trên vai (túi đeo vai)
벗다	Cởi bỏ (quần áo)
사인하다	Kí tên
쓰다	Đội (mũ)
입다	Mặc (quần áo)
입어 보다	Mặc thử
환불하다	Trả lại, hoàn lại

형용사	Tính từ
길다	Dài
비싸다	Đắt tiền
싸다	Giá rẻ
작다	Nhỏ
짧다	Ngắn
크다	To, bự

쇼핑가다

구경하다

옷을 고르다

옷을 입어 보다

옷값을 깎다

계산하다

영수증에 사인하다

영수증을 받다

교환하다

환불하다

옷을 입다 / 벗다

모자를 쓰다 / 벗다

신발을 신다 / 벗다

가방을 들다 / 메다

값이 싸다 / 비싸다

사이즈가 크다 / 맞다 / 작다

길이가 길다 / 짧다

Những câu thông dụng khi đi mua sắm 유용한 표현

그냥 구경할게요.	Tôi sẽ chỉ xem thôi.
좀 깎아 주세요.	Có thể giảm giá một chút được không?
입어 봐도 돼요?	Tôi mặc thử được không?
~ 좀 보여주세요.	Cho tôi xem thử ~ được không?
이걸로 주세요.	Tôi sẽ lấy cái này.

đối thoại 대화

이 바지 입어 봐도 돼요?

점원: 어서 오세요. 뭘 찾으세요?
휘 : 바지를 사고 싶어요.
점원: 이 바지 어때요?
휘 : 이 바지는 색깔이 마음에 안 들어요. 다른 색깔 있어요?
점원: 네. 검은 색이 있어요.
휘 : 그것 좀 보여 주세요.
점원: 여기 있어요.
휘 : 입어 봐도 돼요?
점원: 그럼요.

〈옷을 갈아입은 후〉

점원: 마음에 들어요?
휘 : 네, 마음에 들어요. 이걸로 주세요.

어휘 및 표현

어서	Xin mời/ Nhanh chóng, mau lẹ	주다	Đưa, cho, biếu, tặng
찾다	Tìm kiếm	어서 오세요.	Xin mời vào.
바지	Quần	뭘 찾으세요?	Bạn muốn tìm gì?
색깔	Màu sắc	마음에 들다	Thích, vừa ý
마음	Tinh thần, tâm hồn	그럼요.	Dĩ nhiên.
검은 색	Màu đen		

덤

교환과 환불

보통 백화점에서 쇼핑을 한 후에 교환이나 환불을 하려면 구입한 날부터 7-14일 이내에 해야 합니다. 그리고 교환, 환불을 할 때는 반드시 영수증이 있어야 합니다. 가게마다 교환, 환불 조건이 다르므로, 물건을 살 때는 꼼꼼히 살펴보고 교환, 환불 기간을 확인하는 것이 좋습니다.

Ngữ pháp 문법

1. V아/어/여도 돼요?

'–어/아/여도 돼요?' được dùng trong trường hợp người nói muốn hỏi ý kiến, xin sự cho phép của người nghe về hành động mà người nói sắp làm.
Nếu nguyên âm cuối của gốc đông từ hay tính từ là 'ㅏ or ㅗ', thì dùng '–아도 돼요?'.
Nếu nguyên âm cuối của gốc động từ hay tính từ là những nguyên âm khác hai nguyên âm 'ㅏ, ㅗ', thì dùng '–어도 돼요?'. Nếu động từ hay tính từ kết thúc bằng '하다', thì dùng'–여도 돼요?'.

ㅗ, ㅏ	가다	가/ + 아도 돼요?	→	가도 돼요?
	보다	보/ + 아도 돼요?	→	봐도 돼요?
	받다	받/ +아도 돼요?	→	받아도 돼요?
ㅗ, ㅏ 제외한 모음 (ㅜ, ㅓ, ㅡ, ㅣ…)	먹다	먹/ +어도 돼요?	→	먹어도 돼요?
	수다	주/ +어도 돼요?	→	줘도 되요?
	벗다	벗/ +어도 돼요?	→	벗어도 돼요?
'하다' 동사	사용하다	사용하/ + 여도 돼요?	→	사용해도 돼요?
	요리하다	요리하/ + 여도 돼요?	→	요리해도 돼요?
	구경하다	구경하/+여도 돼요?	→	구경해도 돼요?

Người nghe thường sẽ trả lời theo mẫu câu '네, V아/어/여도 돼요.' hoặc '아니요, V(으)면 안 돼요.'

예

- 휘 : 선생님, 지금 화장실에 가도 돼요?
  선생님: 네, 가도 돼요.
  아니요, 가면 안 돼요.
- 유진: 여기에서 전화해도 돼요?
  휘 : 네, 전화해도 돼요.
  아니요, 전화하면 안 돼요.
- 휘 : 해운대에서 수영해도 돼요?
  유진: 네, 수영해도 돼요.
- 유진: 극장에서 사진을 찍어도 돼요?
  선생님: 아니요. 극장에서 사진을 찍으면 안 돼요.

Ngữ pháp thực hành 문법 연습 ⑪

1. 【보기】와 같이 그림에 맞는 표현을 완성하세요.

보기

① 빵을 먹다.

가 : 먹어도 돼요?

나 : 네, 먹어도 돼요.

아니요, 먹으면 안 돼요.

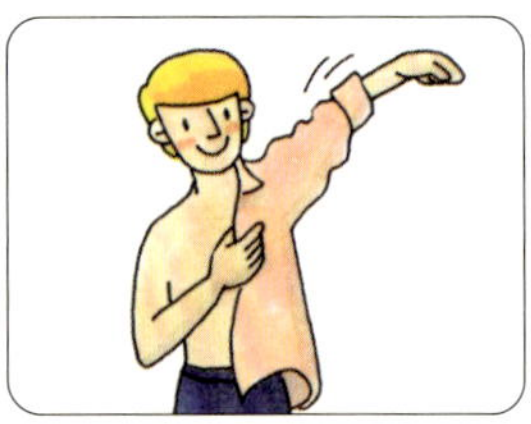

② 옷을 입다.

가 : ____________________

나 : ____________________

____

③ 옷을 벗다.

가 : ____________________

나 : ____________________

____

④ 사진을 보다.

가 : ____________________

나 : ____________________

____

⑤ 물을 마시다.

가 : ____________________

나 : ____________________

____

Từ vựng và sự diễn đạt 어휘 & 표현 ⓫

1. 반대말을 연결하세요. 그리고 대화를 완성하세요.

① 맛없다 •	• 크다
② 짧다 •	• 싸다
③ 작다 •	• 맛있다
④ 비싸다 •	• 길다

㉠ 가 : 삼겹살이 맛있어요? 나 : 아니요, 맛없어요.

㉡ 가 : 바지가 짧아요? 나 : 아니요, ______

㉢ 가 : 옷이 커요? 나 : 아니요, ______

㉣ 가 : 모자가 비싸요? 나 : 아니요, ______

2. 【보기】에서 그림에 맞는 표현을 고르세요. 그리고 아래와 같이 활용해 보세요.

보기 • 쇼핑가다 • 구경하다 • 옷값을 깎다

① 쇼핑가다. ⇨ 쇼핑가요.

② ______ ⇨ ______

③ ______ ⇨ ______

Từ tôn kính

제12과 높임말

Từ điển tranh 그림사전

명사	Danh từ
나이	Tuổi tác
댁	Nhà (từ tôn kính)
밥	Cơm
생신	Sinh nhật (từ tôn kính)
생일	Sinh nhật
연세	Tuổi tác (từ tôn kính)
진지	Cơm(từ tôn kính)
집	Nhà

동사	Động từ
계시다	Ở, lưu lại(từ tôn kính)
드리다	Cho, biếu, tặng(từ tôn kính)
드시다	Ăn (từ tôn kính)
말씀하시다	Nói, phát biểu(từ tôn kính)
잡수시다	Ăn (từ tôn kính)
주무시다	Ngủ (từ tôn kính)

형용사	Tính từ
편찮으시다	Bị bệnh, không được khỏe (từ tôn kính)

먹다

있다

자다

드시다 / 잡수시다

계시다

주무시다

말하다

아프다

주다

말씀하시다

편찮으시다

드리다

đối thoại 대화

다음 주 월요일은 어머니 생신이에요.

우리 가족은 아버지, 어머니, 형, 그리고 저 이렇게 모두 4명이에요.

아버지하고 어머니께서는 베트남에 계세요.

아버지께서는 회사에 다니세요.

어머니께서는 선생님이세요.

형은 영국에 있어요.

영국에서 대학교에 다녀요.

다음 주 월요일은 어머니 생신이에요.

저는 어머니께 선물을 드리고 싶어요.

인삼을 살 거예요.

어휘 및 표현

가족	Gia đình	생신	Sinh nhật (từ tôn kính)
어머니	Mẹ	선물	Món quà
아버지	Cha, bố	드리다	Cho, biếu, tặng (từ tôn kính)
형	Anh (dành cho con trai gọi)	인삼	Nhân sâm
이렇게	Như thế này	N에 다니다	hay xảy ra, hay lui tới
모두	Tất cả		
회사	Công ty		

덤

반말

한국어에는 웃어른에게 사용하는 높임말도 있지만, 아주 친한 친구에게 사용하는 반말도 있습니다. 예를 들어, 나이가 같은 친한 친구에게는 "어디에 가요?" 대신 "어디에 가?", "많이 드세요." 대신 "많이 먹어.", "집에 갑시다." 대신 "집에 가자." 등 반말을 사용할 수 있습니다.
이름을 부를 때도 "OO 씨!"가 아니라 "OO아!" 또는 "OO야!"로 불러야 합니다.

Ngữ pháp 문법

1. N께서 V · A(으)세요 / N께서 V · A(으)십니다

'-께서 -(으)세요' là dạng tôn kính của '-이/가 -아/어/여요'. Nếu chủ ngữ của câu là người phải ước kính trọng, thì trợ từ chủ ngữ '께서' được dùng thay thế cho trợ từ chủ ngữ '-이/가' và '-(으)세요' thay thế cho '아/어/여요'.
'-(으)세요' là đuôi kết thúc câu ở dạng lịch sự không trang trọng, và '(으)십니다' là đuôi kết thúc câu ở dạng lịch sự trang trọng. Tuy nhiên, '있다, 먹다, 자다' khi dùng trong trường hợp trang trọng thì được chuyển thành '계시다, 드시다/잡수시다, 주무시다'.

동사	비격식체 높임말	격식체 높임말
읽다	읽으세요	읽으십니다
보다	보세요	보십니다
크다	크세요	크십니다
※있다	계세요	계십니다
※먹다	드세요 / 잡수세요	드십니다 / 잡수십니다
※자다	주무세요	주무십니다

예
- 아버지께서 신문을 읽으세요/읽으십니다.
- 어머니께서 텔레비전을 보세요/보십니다.
- 선생님께서 키가 크세요/크십니다.
- 할아버지께서 방에서 주무세요/주무십니다.

2. 명사 높임말

Những danh từ dưới đây khi dùng trong trường hợp trang trọng sẽ được chuyển sang dạng khác theo bảng sau đây:

명사	높임말
집	댁
밥	진지
생일	생신
나이	연세

예
- 선생님께서 댁에 안 계세요.
- 아버지께서 진지를 드세요.
- 할머니께서 연세가 많으세요.

Ngữ pháp thực hành 문법 연습 ⑫

1. 알맞은 말을 고르세요.

① 할아버지께서 병원에 (가요. / 가세요.)

② 친구는 학교에서 한국어를 (공부해요. / 공부하세요.)

③ 동생은 책을 (읽어요. / 읽으세요.)

④ 아버지께서 회사에 (다녀요. / 다니세요.)

⑤ 어머니께서 텔레비전을 (봐요. / 보세요.)

2. 알맞은 말을 쓰세요.

	현재 : ~(으)세요	과거 : ~(으)셨어요
가다	가세요	가셨어요
오다		
읽다		
앉다		
공부하다		

Từ vựng và sự diễn đạt 어휘 & 표현 ⑫

1. 【보기】에서 단어를 연결하고 쓰세요.

보기

먹다	말하다	주다
있다	편찮으시다	드리다
주무시다	드시다	계시다
말씀하시다	자다	아프다

① 먹다 / 드시다

② ______

③ ______

④ ______

⑤ ______

⑥ ______

2. 【보기】에서 단어를 연결하고 쓰세요.

보기

나이	밥
집	연세
진지	생신
생일	댁

① 나이 / 연세

② ______

③ ______

④ ______

신나라
부경 한국어

바인츈, 반야이의 전설
Sự tích bánh chưng, bánh dầy

Sự tích bánh chưng, bánh dầy

바인츈, 반야이의 전설

Ngày xưa, đời Vua Hùng Vương thứ 6, sau khi đánh dẹp xong giặc Ân, vua có ý định truyền ngôi cho con.

아주 먼 옛날에 훙부옹 왕은 '안' 이라는 적을 물리친 후 왕자들에게 왕위를 물려주기로 했습니다.

Nhân dịp đầu Xuân, vua mới họp các hoàng tử lại, bảo rằng: "Con nào tìm được thức ăn ngon lành, để bày cỗ cho có ý nghĩa nhất, thì ta sẽ truyền ngôi vua cho".

왕은 설날에 왕자들을 불러 조상님께 맛있으면서 의미가 있는 음식을 가져오는 왕자에게 왕위를 물려주겠다고 했습니다.

Các hoàng tử đua nhau tìm kiếm của ngon vật lạ dâng lên cho vua cha, với hy vọng mình lấy được ngai vàng.

왕자들은 왕위를 차지하기 위하여 앞다투어 음식을 마련했습니다.

Trong khi đó, người con trai thứ 18 của Hùng Vương, là Tiết Liêu (còn gọi là Lang Liêu) có tính tình hiền hậu, lối sống đạo đức, hiếu thảo với cha mẹ. Vì mẹ mất sớm, thiếu người chỉ vẽ, nên ông lo lắng không biết làm thế nào.

홍부옹 왕의 아들 중에는 랑리으라는 왕자가 있었습니다. 랑리으의 어머니는 랑리으가 어렸을 때 돌아가셨는데 랑리으는 마음이 순수하고 효심이 지극한 청년이었습니다. 랑리으는 어머니가 없었기 때문에 왕에게 어떤 음식을 가져갈지 물어볼 사람이 없어 걱정을 했습니다.

Một hôm, Tiết Liêu nằm mộng thấy có vị Thần đến bảo: "Này con, vật trong Trời Đất không có gì quý bằng gạo, vì gạo là thức ăn nuôi sống con người. Con hãy nên lấy gạo nếp làm bánh hình tròn và hình vuông, để tương hình Trời và Đất. Hãy lấy lá bọc ngoài, đăt nhân trong ruột bánh, để tượng hình Cha Mẹ sinh thành."

그러던 어느 날, 랑리으의 꿈에 신이 나타나 "쌀은 이 세상에서 가장 귀한 것으로 사람한테 없어서는 안 되는 중요한 곡식이다. 찹쌀로 하늘과 땅을 나타내는 동그란 빵과 네모난 빵을 만들어라. 그 빵 안에는 부모님을 뜻하는 소를 넣고 나뭇잎으로 싸라." 고 말했습니다.

Tiết Liêu tỉnh dậy, vô cùng mừng rỡ. Ông làm theo lời Thần dặn, chọn gạo nếp thật tốt làm bánh vuông để tượng hình Đất, bỏ vào chõ chưng chín gọi là Bánh Chưng. Và ông giã xôi làm bánh tròn, để tượng hình Trời, gọi là Bánh Dầy. Còn lá xanh bọc ở ngoài và nhân ở trong ruột bánh là tượng hình cha mẹ yêu thương đùm bọc con cái.

랑리으는 기뻐하며 꿈에서 깨어났습니다. 신의 말씀에 따라 제일 좋은 찹쌀을 골라 땅을 의미하는 바인츈이라는 네모난 빵을 만들었습니다. 그리고 하늘을 나타내는 반야이라는 동그란 빵도 만들었습니다. 푸른 나뭇잎으로 빵을 싸고 빵 속에 소를 넣었는데, 이는 부모에 대한 자식의 효심을 표현하기 위해서였습니다.

Đến ngày hẹn, các hoàng tử đều đem thức ăn đến bày trên mâm cỗ. Ôi thôi, đủ cả sơn hào hải vị, nhiều món ngon lành. Hoàng tử Tiết Liêu thì chỉ có Bánh Dầy và Bánh Chưng. Vua Hùng Vương lấy làm lạ hỏi, thì Tiết Liêu đem chuyện Thần báo mộng kể, giải thích ý nghĩa của Bánh Dầy Bánh Chưng. Vua cha nếm thử, thấy bánh ngon, khen có ý nghĩa, bèn truyền ngôi Vua lại cho Tiết Liêu con trai thứ 18.

약속한 날에 모든 왕자들은 음식을 제사상에 올렸습니다. 다른 왕자들은 모두 갖가지 맛있는 음식을 상 위에 올렸지만 랑리으가 준비한 음식은 바인츈과 반야이뿐이었습니다. 훙부옹 왕은 의아해하며 랑리으에게 왜 음식이 이것뿐이냐고 물어보았습니다. 랑리으는 꿈속에서 들은 대로 바인츈과 반야이의 의미를 설명했습니다. 왕은 빵을 먹어본 후 그 맛과 의미에 흡족해하며 랑리으에게 왕위를 물려주었습니다.

Kể từ đó, mỗi khi đến Tết Nguyên Đán, thì dân chúng làm bánh Chưng và bánh Dầy để dâng cúng Tổ Tiên và Trời Đất.

그때부터 매년 설날, 사람들은 조상과 하늘, 그리고 땅에 드리는 제사에 바인춘과 반야이를 올리게 되었습니다.

신나라

부경 한국어

연습문제_정답

sự tập luyện câu hỏi _ câu trả lời

연습문제 정답 sự tập luyện câu hỏi _ câu trả lời

1과

문법연습

1. ① 이것은 사진이에요 ② 이것은 지도예요
   ③ 이 사람은 회사원이에요 ④ 이 사람은 의사예요

2. ① 그것은 책상이 아니에요
   ② 그것은 의자가 아니에요
   ③ 그 사람은 학생이 아니에요
   ④ 그 사람은 친구가 아니에요

3. ① 의사가 아니에요. 학생이에요
   ② 선생님이 아니에요. 가수예요

어휘 & 표현

1. ② 지도 ③ 여권 ④ 책

2. ① 이름이 뭐예요? ② 어디에서 왔어요?
   ③ 어디에 살아요? ④ 만나서 반가워요.

2과

문법연습

1. ② 가 ③ 를 ④ 은 ⑤ 을

2. ② 저것이 ③ 이것이 ④ 그것이

어휘 & 표현

1. ② 책(X) ③ 휴대폰(O) ④ 전자사전(O)
   ⑤ 교통카드(X) ⑥ 창문(O) ⑦ 휴지(X) ⑧ 문(O)

2. ① 손 ② 입 ③ 눈 ④ 팔꿈치 ⑤ 다리

3. ① 어디 ② 뭐

3과

문법연습

1. ② 수강 신청을 해요. ③ 도서관에 와요.
   ④ 저는 학생이에요. ⑤ 이것은 책이 아니에요.

2. ② 공부 안 해요. 밥을 먹어요.
   ③ 입학 안 해요. 졸업해요.
   ④ 숙제를 안 내요. 성적표를 받아요.

어휘 & 표현

1. ① 입학을 – 하다 ② 학비를 – 내다
   ③ 시험을 – 보다 ④ 동아리에 – 들다

2. ② 학교 ③ 사무실 ④ 식당 ⑤ 은행 ⑥ 교실

4과

문법연습

1. ② 한 병 ③ 네 잔 ④ 열 개
   ⑤ 다섯 마리 ⑥ 여덟 대

2. ② 시, 이십칠 ③ 백팔십 ④ 칠십

3. ② 서른 ③ 열다섯 ④ 여섯

어휘 & 표현

1. ② 이천구년 유월 육일이에요
   ③ 이천육년 십이월 십사일이에요
   ④ 이천십년 시월 십일이에요

2. ① 유월, 구월, 시월 ② 둘, 셋, 여섯, 여덟

3. ① 몇 월 며칠이에요? ② 언제예요?
   ③ 무엇을 해요?

5과

문법연습

1. ② 공부했어요 ③ 마셨어요 ④ 배웠어요
   ⑤ 먹었어요 ⑥ 웃었어요

2. ② 친구를 만났어요 ③ 인터넷을 했어요

어휘 & 표현

1. ② 세수를 하다 ③ 샤워를 하다
   ④ 인터넷을 하다 ⑤ 친구를 만나다 ⑥ 이를 닦다

2. ② 1일부터 4일까지 비가 왔어요
   ③ 아침부터 밤까지 공부를 했어요

6과

문법연습

1. ② 기다리세요 ③ 타세요 ④ 앉으세요 ⑤ 잡으세요

2. ② 기다리지 마세요 ③ 타지 마세요
   ④ 앉지 마세요 ⑤ 잡지 마세요

3. ② 읽으세요
   ④ 영어로 말하지 마세요 ⑤ 책을 보지 마세요

어휘 & 표현

1. ② 줄을 서다 ③ 버스를 타다
   ④ 버스에서 내리다 ⑤ 벨을 누르다

연습문제 정답 sự tập luyện câu hỏi _ câu trả lời

7과

문법연습

1. ② 만날까요? ③ 먹을까요? ④ 볼까요? ⑤ 읽을까요?

2. ② 만납시다 ③ 먹읍시다 ④ 봅시다 ⑤ 읽읍시다

3. ② 공부할까요? ③ 의자에 앉을까요?

어휘 & 표현

1. ① 거기 휘 씨 집이지요? ② 휘 씨 좀 바꿔 주세요.
   ③ 다시 전화할게요.

2. ② 울리다 ③ 누르다

8과

문법연습

1. ② 읽었어요, 읽을 거예요 ③ 했어요, 할 거예요
   ④ 먹었어요, 먹을 거예요
   ⑤ 입었어요, 입을 거예요 ⑥ 샀어요, 살 거예요

2. ② 토요일에 찜질방에 안 갈 거예요
   ③ 일요일에 등산을 안 할 거예요
   ④ 수요일에 청소를 안 할 거예요

어휘 & 표현

1. ① 오, 팔, 구 ② 어제, 오늘 ③ 셋, 넷, 일곱, 여덟
   ④ 수요일, 금요일, 토요일

2. ② 사진을 찍을 거예요 ③ 빨래를 할 거예요
   ④ 여행을 갈 거예요

9과

문법연습

1. ② 휘 씨는 베트남 사람이고 유진 씨는 한국 사람이에요
   ③ 피가 나고 멍이 들었어요
   ④ 휘 씨는 춤을 추고 유진 씨는 노래를 불러요

2. ② 듣고 점심을 먹어요
   ③ 점심을 먹고 도서관에서 책을 읽어요
   ④ 집에 돌아가요

어휘 & 표현

1. ② – ⓜ ③ – ㉠ ④ – ㉢ ⑤ – ㉣

2. ② 나다 ③ 나다 ④ 나다

10과

문법연습

1. ② 밥을 먹고 싶어요 ③ 선물을 받고 싶어요

2. ② 책을 읽고 싶어요 ③ 버스에서 내리고 싶어요
   ④ 자리에 앉고 싶어요 ⑤ 운동을 하고 싶어요

어휘 & 표현

1. ② – ⓜ ③ – ㉣ ④ – ㉢ ⑤ – ㉠

2. ② 젓가락하고 숟가락이 있어요
   ③ 그릇하고 접시가 있어요

11과

문법연습

1. ② 옷을 입어도 돼요? 네, 입어도 돼요. 아니요, 입으면 안 돼요.
   ③ 옷을 벗어도 돼요? 네, 벗어도 돼요. 아니요, 벗으면 안 돼요.
   ④ 사진을 봐도 돼요? 네, 봐도 돼요. 아니요, 보면 안 돼요.
   ⑤ 물을 마셔도 돼요? 네, 마셔도 돼요. 아니요, 마시면 안 돼요.

어휘 & 표현

1. 짧다 – 길다, 작다 – 크다, 비싸다 – 싸다
   ② 길어요 ③ 작아요 ④ 싸요

2. ② 옷값을 깎다 →옷값을 깎아요
   ③ 구경하다 → 구경해요

12과

문법연습

1. ① 가세요 ② 공부해요 ③ 읽어요
   ④ 다니세요 ⑤ 보세요

2. ② 오세요, 오셨어요 ③ 읽으세요, 읽으셨어요
   ④ 앉으세요, 앉으셨어요
   ⑤ 공부하세요, 공부하셨어요

어휘 & 표현

1. ② 말하다 / 말씀하시다 ③ 주다 / 드리다
   ④ 있다 / 계시다 ⑤ 아프다 / 편찮으시다
   ⑥ 자다 / 주무시다

2. ② 밥 / 진지 ③ 집 / 댁 ④ 생일 / 생신

신나라 부경한국어 | Vietnamese

발행일 | 2011년 2월 10일
지은이 | 채영희
삽　화 | 김민표 (하늘디자인 · 기획)
발행처 | 부경대학교 출판부

디자인 · 제작 | 하늘디자인 · 기획 051)611-3969

인　쇄 | 우성정판인쇄소
제　본 | 선우제본

가　격 | 14,000원